中検準4級対応

クラウン
中国語単語

CD付き

600

和平・古屋 昭弘 著

CROWN
Vocabulary Builder Chinese 600

三省堂

［CDナレーション］
段 文凝、水月 優希
［CD収録］
ELEC録音スタジオ
［装丁・本文デザイン］
志岐デザイン事務所(萩原 睦＋山本 嗣也)
［イラスト］
志岐デザイン事務所(角 一葉)
［組版協力］
樹花舎

まえがき

　外国語の単語の習得には基礎的なものから順を追って着実に覚えていくことがなによりも大切です。本書では中国語の最も基本的な単語を精選し、分類しながら、見出し語として並べてあります。全部で605語、コラムに見える語を併せると762語となります。用例はほぼ以上の単語のみを使って作成、単語同士の"搭配dāpèi"（取り合わせ、配合）関係を際立たせるため、動詞・目的語や修飾語・被修飾語などフレーズの形を多く採用しました。もちろん主語・述語が揃った文も現れます。

　ご覧のとおり、中国語の場合、基本的な単語は単音節と二音節のものが中心となります。表記の上では日本語の漢字と同じものが沢山ありますが、それに惑わされることなく、意味と発音を一緒にしっかり覚えて頂ければと思います。

　反復練習の強い味方がCDです。吹込みは段文凝さんと水月優希さんにお願いしました。見出し語とその訳語だけでなく、中国語は用例もすべて読んで頂きました。CDを聴きながら練習する際は特に第3声や「一」「不」の声調交替（詳しくはコラム「発音解説」参照）にご注意ください。

　本書は一般財団法人日本中国語検定協会が毎年3回実施する中国語検定試験（中検）の準4級試験の対策も兼ねています。検定試験については同協会のホームページ http://www.chuken.gr.jp/ をご参照ください。

　編集に当たっては寺本衛氏を始めとする三省堂外国語辞書編集室の皆さんと古屋朋絵氏のお世話になりました。特に近山昌子氏からは献身的な協力を忝くしました。この場を借りて心よりお礼申し上げます。

2015年　初春

　　　　　　　　　　　　　　　　　　　　　　　　　　　　著者

目　次

まえがき ……………………………………………………… 3
本書の使い方、記号一覧 …………………………………… 6

名詞
セクション 1 ～29 ………………………………………… 10

動詞
セクション30～45 ………………………………………… 76

量詞
セクション46～49 ………………………………………… 110

形容詞
セクション50～57 ………………………………………… 118

副詞・その他
セクション58～64 ………………………………………… 138

あいさつ・受け答え表現 ………………………… 150
見出し語索引 …………………………………… 152

コラム   コラムのページには、上部角に赤い印が付いています

発音解説 ……………………………… 8
人称代名詞 …………………………… 27
数字 …………………………………… 71
時間 …………………………………… 72
お金 …………………………………… 74
国名・地名 …………………………… 102
指示代名詞 …………………………… 108
場所を表す言葉 ……………………… 116
助詞 …………………………………… 135
色 ……………………………………… 136
接続詞、前置詞、助動詞 …………… 149

本書の使い方

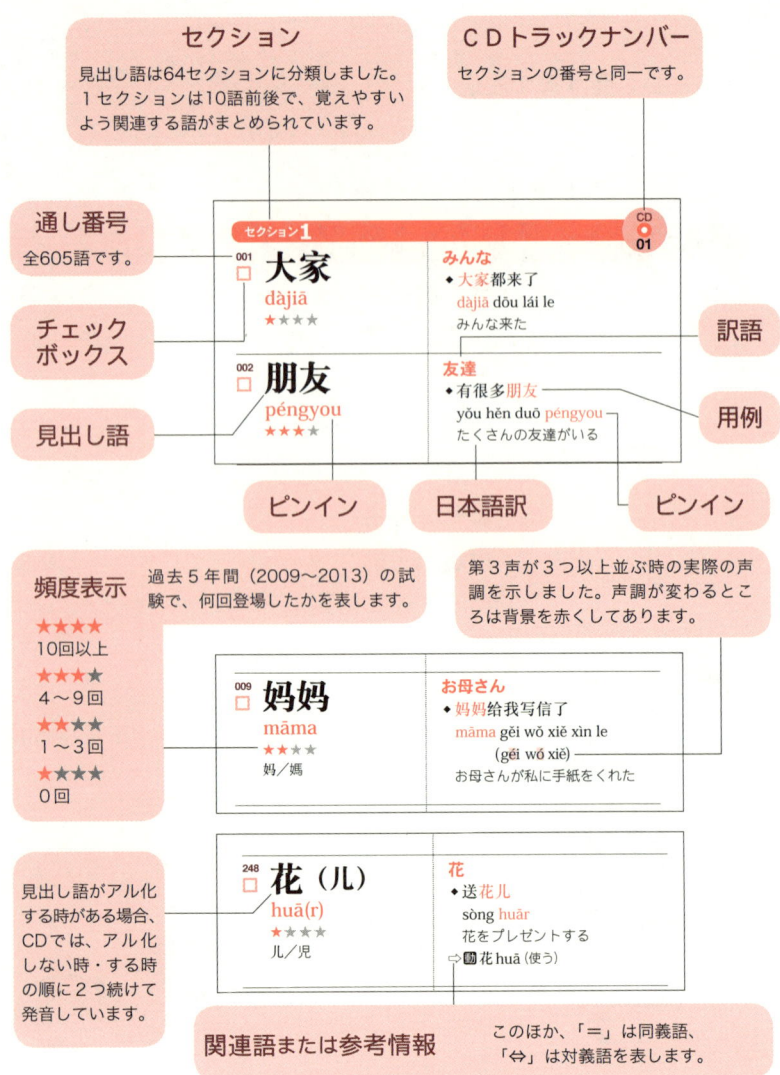

他の要素をここに入れられることを示します。

396 下课
xià kè
★★★★
课／課

授業が終わる、授業を終える
◆ 下了课就回家
xià le kè jiù huíjiā
授業が終わったら家に帰る

品詞表示

章となっている名詞、動詞、量詞、形容詞、副詞以外の見出し語には、品詞を表示しました。また、一部の参考情報でも表示しています。

中日字体比較

左が中国語の字体、右が日本語の字体です。初級段階で役立つものを中心としました。

592 几
jǐ
★★★★
几／幾

疑 いくつ (10までの数)
◆ 几年级？
jǐ niánjí？
何年生ですか？

CD

▶ すべての見出し語とその訳語、中国語用例を収録しています。
▶ 見出し語のあとには、発音練習用のポーズを設けてあります。
▶ 収録時間78分。

付属の赤シート

見出し語のピンインや訳語、用例中の見出し語は赤字になっています。赤シートをかぶせると隠すことができますので、単語の暗記に役立てて下さい。

ピンインについて

▶ 原則として《现代汉语词典 第6版》（商务印书馆）によっています。
▶ 用例は小文字開始としています。
▶ 「不bù」「一yī」は実際の声調で示しました。

記号一覧

名 名詞	代 代名詞
動 動詞	量 量詞
助動 助動詞	副 副詞
接 接続詞	前 前置詞
疑 疑問詞	◆ 用例
⇨ 関連語、参考情報	＝ 同義語
⇔ 対義語	
▼ そこに他の要素が入れられることを示す	
★★★★〜★☆☆☆　過去問での登場頻度 （左ページ「頻度表示」参照）	
／　中日字体比較（中国語／日本語）	

発音解説

1 "一"の声調変化

"一 yī" + 第1・2・3声 ➡ yì + 第1・2・3声
　yìbēi〔一杯〕（我喝了一杯茶）

"一 yī" + 第4声 ➡ yí + 第4声
　yídìng〔一定〕（我一定去）

2 "不"の声調変化

"不 bù" + 第4声 ➡ bú kàn（我不看电视）

3 第3声の変化

第3声 + 第1・2・4声 ➡ 半3声 + 第1・2・4声
　Běijīng（北京）
第3声 + 第3声 ➡ 第2声 + 第3声（ˇˇ ➡ ˊˇ）書き方は変わらない
　Nǐhǎo（你好：ˊˇ）　zhǎnlǎnguǎn（展览馆：ˊˊˇ）

4 軽声

前の音に添えて軽く発音する。声調記号は付けない。

第1声	第2声	第3声	第4声
→	↗	→	↘
・	・	・	・
māma	yéye	nǎinai	bàba
妈妈	爷爷	奶奶	爸爸

5 儿化（アル化）

音節の末尾にrが付くこと。発音の最後に舌先を上あごに向けて立て、舌先は上あごに付けない。-i, -nは脱落。

huā ➡ huār　　huà ➡ huàr　　wán ➡ wánr(wár と発音)
花　　花儿　　　画　　画儿　　　玩　　玩儿

CROWN

Vocabulary Builder Chinese 600

名詞

セクション1

001 大家 dàjiā ★★★☆
みんな
◆ 大家都来了
dàjiā dōu lái le
みんな来た

002 朋友 péngyou ★★★☆
友達
◆ 有很多朋友
yǒu hěn duō péngyou
たくさんの友達がいる

003 客人 kèren ★★☆☆
客
◆ 两位客人
liǎng wèi kèren
2人のお客様

004 人 rén ★★☆☆
人(ひと)
◆ 昨天来的人
zuótiān lái de rén
きのう来た人
⇨ 中国人 Zhōngguórén (中国人)、一个人 yí ge rén (ひとり)

005 先生 xiānsheng ★★★☆
～さん(男性)
◆ 王先生在家吗？
Wáng xiānsheng zài jiā ma？
王さんはご在宅ですか？

10

006 小姐
xiǎojiě
★★★☆

お嬢さん
- 你好！张小姐
  Nǐhǎo! Zhāng xiǎojiě
  こんにちは、張さん

007 自己
zìjǐ
★★★☆

代 自分
- 自己做饭
  zìjǐ zuò fàn
  自分でご飯を作る

008 爸爸
bàba
★★★★

お父さん
- 爸爸每天都很忙
  bàba měi tiān dōu hěn máng
  お父さんは毎日忙しい

009 妈妈
māma
★★★☆
妈／媽

お母さん
- 妈妈给我写信了
  māma gěi wǒ xiě xìn le
  (géi wó xiě)
  お母さんが私に手紙をくれた

010 父亲
fùqin
★★★☆
亲／親

父親
- 我父亲是老师
  wǒ fùqin shì lǎoshī
  私の父は教師だ

011 母亲 mǔqin
★★☆☆
亲／親

母親
- 他的母亲
  tā de mǔqin
  彼の母親
⇨ 父母 fùmǔ（両親）

セクション2

012 哥哥 gēge
★★★☆

兄
- 他是我哥哥
  tā shì wǒ gēge
  彼は私の兄だ
⇨ 兄弟 xiōngdì（兄弟）

013 姐姐 jiějie
★★★☆

姉
- 我有一个姐姐
  wǒ yǒu yí ge jiějie
  姉がひとりいる
⇨ 姐妹 jiěmèi（姉妹）

014 弟弟 dìdi
★★☆☆

弟
- 弟弟是小学生
  dìdi shì xiǎoxuéshēng
  弟は小学生だ

015 妹妹 mèimei
★★★☆

妹
- 妹妹喜欢看书
  mèimei xǐhuan kàn shū
  妹は読書が好きだ

016 爱人
àiren
★★★★
爱／愛

配偶者、夫、妻
- 她是我爱人
  tā shì wǒ àiren
  彼女は私の妻だ

017 丈夫
zhàngfu
★★★★

夫
- 他是我丈夫
  tā shì wǒ zhàngfu
  彼は私の夫だ

018 妻子
qīzi
★★★★

妻
- 我妻子是老师
  wǒ qīzi shì lǎoshī
  私の妻は教師だ

019 孩子
háizi
★★★★

子供
- 女孩子
  nǚháizi
  女の子

020 儿子
érzi
★★★★
儿／児

息子
- 有两个儿子
  yǒu liǎng ge érzi
  2人の息子がいる

021 女儿 nǚ'ér
★★★★
儿／兒

娘
- 我的女儿五岁了
  wǒ de nǚ'ér wǔ suì le
  娘は５歳になった

022 爷爷 yéye
★★★☆
爷／爺

(父方の)祖父
- 爷爷身体很好
  yéye shēntǐ hěn hǎo
  (-tǐ hén hǎo)
  祖父は健康です
⇨ 老爷 lǎoye（母方の祖父）

023 奶奶 nǎinai
★★☆☆

(父方の)祖母
- 我奶奶不在家
  wǒ nǎinai bú zài jiā
  祖母は家にいません
⇨ 姥姥 lǎolao（母方の祖母）

024 孙子 sūnzi
★★★★
孙／孫

孫
- 你的孙子几岁了？
  nǐ de sūnzi jǐ suì le?
  お孫さんおいくつ？

セクション3 CD 03

025 老师 lǎoshī
★★★★

先生
- 老师是外国人
  lǎoshī shì wàiguórén

14

師／师 　　　　　　　先生は外国人だ

026 学生
xuésheng
★★★★

学生
- 你们班有多少学生？
  nǐmen bān yǒu duōshao xuésheng？
  あなたたちのクラスにはどれくらいの学生がいますか？

027 大学生
dàxuéshēng
★★★☆

大学生
- 妹妹是大学生
  mèimei shì dàxuéshēng
  妹は大学生だ

028 留学生
liúxuéshēng
★★★☆

留学生
- 他也不是留学生
  tā yě bú shì liúxuéshēng
  彼も留学生ではない

029 同学
tóngxué
★★☆☆

同級生、学友
- 我的同学
  wǒ de tóngxué
  私の同級生

030 师傅
shīfu
★★☆☆
師／师

師匠、親方
- 他是我的师傅
  tā shì wǒ de shīfu
  彼は私の師匠だ

031 司机
sījī
★★★★
机／機

運転手
◆ 公共汽车司机
gōnggòng qìchē sījī
バスの運転手

032 服务员
fúwùyuán
★★★★
务／務　员／員

サービス係、店員
◆ 饭店的服务员
fàndiàn de fúwùyuán
ホテルの従業員
⇨ 店员 diànyuán（店員）

033 医生
yīshēng
★★★★

医者
◆ 他是医生
tā shì yīshēng
彼は医者だ

034 大夫
dàifu
★★★★

医者
◆ 我姐姐是大夫
wǒ jiějie shì dàifu
姉は医者だ

セクション4

CD 04

035 眼睛
yǎnjing
★★★★

目
◆ 他的眼睛很大
tā de yǎnjing hěn dà
彼の目は大きい

036 鼻子 bízi
★★★★
鼻／鼻

鼻
◆ 孩子的鼻子真可爱
háizi de bízi zhēn kě'ài
子供の鼻は本当にかわいい

037 嘴 zuǐ
★★★★
嘴／嘴

口
◆ 一张嘴
yì zhāng zuǐ
１つの口

038 耳朵 ěrduo
★★★★

耳
◆ 他的耳朵很大
tā de ěrduo hěn dà
彼の耳は大きい

039 脸 liǎn
★★★★

颜
◆ 洗脸
xǐ liǎn
顔を洗う

040 牙 yá
★★★★

齿
◆ 牙不疼了
yá bù téng le
歯が痛くなくなった

17

041 头
tóu
★★★★
头／頭

頭
- 头疼
  tóu téng
  頭が痛い

042 头发
tóufa
★★★★
头／頭　发／髮

髪
- 头发长了
  tóufa cháng le
  髪が伸びました

043 手
shǒu
★★★★

手
- 用手拿
  yòng shǒu ná
  手で持つ

044 腿
tuǐ
★★★★

足（ももからくるぶしの部分）
- 两条腿
  liǎng tiáo tuǐ
  ２本の足

045 脚
jiǎo
★★★★

足（くるぶしから先）
- 洗脚
  xǐ jiǎo
  足を洗う

セクション5

046 肚子
dùzi
★★★★

腹
◆ 肚子不舒服
dùzi bù shūfu
お腹の調子が悪い

047 身体
shēntǐ
★★★★

体
◆ 你身体好吗？
nǐ shēntǐ hǎo ma？
お元気ですか？

048 个子
gèzi
★★★★
个／個

身長
◆ 弟弟个子不太高
dìdi gèzi bú tài gāo
弟はあまり背が高くない

049 声音
shēngyīn
★★★★

声、音
◆ 她的声音真大
tā de shēngyīn zhēn dà
彼女の声は本当に大きい

050 年纪
niánjì
★★★★
纪／紀

年齢
◆ 您多大年纪？
nín duō dà niánjì？
(年長者に）おいくつですか？

19

051 ☐	**名字** míngzi ★★★☆	名前 ◆ 你叫什么名字？ nǐ jiào shénme míngzi？ あなたの名前はなんですか？
052 ☐	**爱好** àihào ★☆☆☆ 爱／愛	趣味 ◆ 你有什么爱好？ nǐ yǒu shénme àihào？ あなたの趣味はなんですか？
053 ☐	**兴趣** xìngqù ★☆☆☆ 兴／興	興味 ◆ 我对中国文化感兴趣 wǒ duì Zhōngguó wénhuà gǎn xìngqù 私は中国文化に興味がある

セクション6 CD 06

054 ☐	**衣服** yīfu ★★★☆	服 ◆ 我喜欢这件衣服 wǒ xǐhuan zhè jiàn yīfu 私はこの服が好きだ
055 ☐	**衬衫** chènshān ★☆☆☆	シャツ、ブラウス ◆ 一件衬衫 yí jiàn chènshān １枚のシャツ

056 毛衣
máoyī
★★☆☆

セーター
- 她在商店买了一件毛衣
  tā zài shāngdiàn mǎi le yí jiàn máoyī
  彼女は店で1枚のセーターを買った

057 裤子
kùzi
★☆☆☆

ズボン
- 一条裤子
  yì tiáo kùzi
  1着のズボン

058 裙子
qúnzi
★☆☆☆

スカート
- 穿裙子
  chuān qúnzi
  スカートをはく

059 帽子
màozi
★☆☆☆

帽子
- 戴帽子
  dài màozi
  帽子をかぶる

060 鞋
xié
★★☆☆

靴
- 我想穿这双鞋
  wǒ xiǎng chuān zhè shuāng xié
  この靴をはきたい

21

061 ☐ **颜色**
yánsè
★★★★
颜／顔

色
◆ 有没有别的颜色？
yǒu méiyou bié de yánsè？
ほかの色はありますか？

セクション7 CD 07

062 ☐ **杯子**
bēizi
★★★★

コップ、杯
◆ 两个杯子
liǎng ge bēizi
２つのコップ

063 ☐ **筷子**
kuàizi
★★★★

お箸
◆ 三双筷子
sān shuāng kuàizi
３膳のお箸

064 ☐ **手表**
shǒubiǎo
★★★★

腕時計
◆ 一块手表
yí kuài shǒubiǎo
１つの腕時計

065 ☐ **眼镜**
yǎnjìng
★★★★
镜／鏡

眼鏡
◆ 戴眼镜
dài yǎnjìng
眼鏡をかける

22

066 ☐	**钥匙** yàoshi ★★★★	カギ ◆ 一把钥匙 　yì bǎ yàoshi 　１つのカギ
067 ☐	**伞** sǎn ★★★★ 伞／傘	傘 ◆ 五把伞 　wǔ bǎ sǎn 　(wú bá sǎn) 　５本の傘
068 ☐	**钱包** qiánbāo ★★★★ 钱／錢　包／包	財布 ◆ 谁的钱包？ 　shéi de qiánbāo？ 　誰の財布ですか？
069 ☐	**药** yào ★★★★ 药／薬	薬 ◆ 吃药 　chī yào 　薬を飲む
070 ☐	**毛巾** máojīn ★★★★	タオル ◆ 一条毛巾 　yì tiáo máojīn 　１枚のタオル

23

071 ☐ **礼物** lǐwù ★★★☆	プレゼント ◆ 送朋友礼物 sòng péngyou lǐwù 友達にプレゼントを贈る
072 ☐ **东西** dōngxi ★★☆☆ 东／東	物 ◆ 这是什么东西？ zhè shì shénme dōngxi？ これはどんな物ですか？

セクション8　　　CD 08

073 ☐ **书** shū ★★★☆ 书／書	本 ◆ 我们都看过这本书 wǒmen dōu kànguo zhè běn shū 私たちはみんなこの本を読んだことがある
074 ☐ **杂志** zázhì ★★★☆ 杂／雜　志／誌	雑誌 ◆ 看杂志 kàn zázhì 雑誌を読む
075 ☐ **词典** cídiǎn ★★★★	辞書 ◆ 这本词典很贵 zhè běn cídiǎn hěn guì この辞書は高い

24

词／詞　　　　　　　　　⇨字典 zìdiǎn（字典）

076 ☐ **本子** běnzi ★★☆☆

ノート
◆ 一个本子
　yí ge běnzi
　1冊のノート
= 笔记本 bǐjìběn

077 ☐ **纸** zhǐ ★★☆☆
纸／紙

紙
◆ 三张纸
　sān zhāng zhǐ
　3枚の紙

078 ☐ **报纸** bàozhǐ ★★☆☆
报／報　纸／紙

新聞
◆ 日本的报纸
　Rìběn de bàozhǐ
　日本の新聞

079 ☐ **钢笔** gāngbǐ ★☆☆☆
钢／鋼　笔／筆

万年筆
◆ 四支钢笔
　sì zhī gāngbǐ
　4本の万年筆
⇨ 笔 bǐ（筆、ペン類）

25

080 铅笔 qiānbǐ
★★★★

铅／鉛　笔／筆

鉛筆
- 一支铅笔
  yì zhī qiānbǐ
  １本の鉛筆
- ⇨自动铅笔 zìdòng qiānbǐ
  （シャープペンシル）

081 橡皮 xiàngpí
★★★★

橡／橡

消しゴム
- 一块橡皮
  yí kuài xiàngpí
  １個の消しゴム

082 信 xìn
★★★★

手紙
- 写两封信
  xiě liǎng fēng xìn
  ２通の手紙を書く

083 邮票 yóupiào
★★★★

邮／郵

切手
- 一张邮票
  yì zhāng yóupiào
  １枚の切手

084 电子邮件 diànzǐ yóujiàn
★★★★

电／電　邮／郵

メール
- 发电子邮件
  fā diànzǐ yóujiàn
  メールを送る

26

人称代名詞

Column

	一人称	二人称	三人称
単数	我 wǒ 私、僕	你 nǐ 君 您 nín あなた様	他 tā 彼 她 tā 彼女 它 tā それ （動物など）
複数	我们 wǒmen 私たち （聞き手を含まない） 咱们 zánmen 私たち （聞き手を含む）	你们 nǐmen 君たち	他们 tāmen 彼ら 她们 tāmen 彼女ら 它们 tāmen それら

＊その他　別人 biéren　他人

セクション9

085 桌子
zhuōzi
★★★★

机
◆ 两张桌子
liǎng zhāng zhuōzi
２つの机

086 椅子
yǐzi
★★★★

椅子
◆ 一把椅子
yì bǎ yǐzi
１脚の椅子

087 沙发
shāfā
★★★★
发／發

ソファー
◆ 狗在沙发上
gǒu zài shāfā shang
犬はソファーの上にいる

088 床
chuáng
★★★★

ベッド
◆ 两张床
liǎng zhāng chuáng
２台のベッド

089 窗户
chuānghu
★★★★
窗／窗　户／戶

窓
◆ 开窗户
kāi chuānghu
窓を開ける

090	**空调** kōngtiáo ★★★★ 调／調	エアコン ◆ 开空调 kāi kōngtiáo エアコンをつける
091	**洗衣机** xǐyījī ★★★★ 机／機	洗濯機 ◆ 我家的洗衣机旧了 wǒ jiā de xǐyījī jiù le うちの洗濯機は古くなった
092	**冰箱** bīngxiāng ★★★★ 冰／氷	冷蔵庫 ◆ 这个冰箱真大 zhège bīngxiāng zhēn dà この冷蔵庫は本当に大きい
093	**相机** xiàngjī ★★★★ 机／機	カメラ ◆ 她买了三个相机 tā mǎi le sān ge xiàngjī 彼女は3台のカメラを買った ＝照相机 zhàoxiàngjī
094	**手机** shǒujī ★★★★ 机／機	携帯電話 ◆ 手机号码 shǒujī hàomǎ 携帯電話の番号

095 电话
diànhuà
★★★★
电／電　话／話

電話
◆ 打电话
　dǎ diànhuà
　電話をかける

096 电脑
diànnǎo
★★★★
电／電　脑／脳

コンピュータ
◆ 用电脑
　yòng diànnǎo
　コンピュータを使う

セクション 10

097 电视
diànshì
★★★★
电／電　视／視

テレビ
◆ 电视关了吗？
　diànshì guān le ma?
　テレビは消しましたか？

098 电影
diànyǐng
★★★★
电／電

映画
◆ 看电影
　kàn diànyǐng
　映画を見る

099 新闻
xīnwén
★★★★
闻／聞

ニュース
◆ 不看新闻
bú kàn xīnwén
ニュースを見ない

100 人民币
Rénmínbì
★★★★
币／幣

人民元
◆ 一千人民币
yì qiān Rénmínbì
人民元1,000元

101 日元
Rìyuán
★★★★

日本円
◆ 一百日元
yì bǎi Rìyuán
日本円100円

102 美元
Měiyuán
★★★★

米ドル
◆ 两百美元
liǎng bǎi Měiyuán
(liáng bái Měi-)
200米ドル

103 钱
qián
★★★★
钱／錢

お金
◆ 多少钱？
duōshao qián？
いくらですか？

104 □ **护照** hùzhào ★★★ 护／護	パスポート ◆ 办护照 　bàn hùzhào 　パスポートの手続きをする
105 □ **票** piào ★★★★	切符 ◆ 买两张票 　mǎi liǎng zhāng piào 　２枚の切符を買う
106 □ **地图** dìtú ★★★★ 图／図	地図 ◆ 画一张地图 　huà yì zhāng dìtú 　地図を描く
107 □ **行李** xíngli ★★★★	荷物 ◆ 行李不多 　xíngli bù duō 　荷物は多くない

セクション **11**

108 □ **汉语** Hànyǔ ★★★★ 汉／漢　语／語	中国語 ◆ 学习汉语 　xuéxí Hànyǔ 　中国語を学ぶ 　＝中文 Zhōngwén, 　普通话 Pǔtōnghuà

109 日语
Rìyǔ
★★★★
语／語

日本語
- 教他日语
  jiāo tā Rìyǔ
  彼に日本語を教える

110 英语
Yīngyǔ
★★★★
语／語

英語
- 会说英语
  huì shuō Yīngyǔ
  英語が話せる

111 外语
wàiyǔ
★★★★
语／語

外国語
- 大家都学外语
  dàjiā dōu xué wàiyǔ
  みんな外国語を学ぶ

112 话
huà
★★★★
话／話

言葉、話
- 你说的话很对
  nǐ shuō de huà hěn duì
  あなたの言ったことは正しい
⇨ 会话 huìhuà (会話)

113 发音
fāyīn
★★★★
发／発

発音
- 发音很难
  fāyīn hěn nán
  発音が難しい

33

114 字
zì
★★★★

字
◆ 写字
xiě zì
字を書く

---

115 汉字
hànzì
★★★★
汉／漢

漢字
◆ 他写的汉字很漂亮
tā xiě de hànzì hěn piàoliang
彼が書いた漢字はきれいだ

セクション12　CD 12

116 外国
wàiguó
★★★★

外国
◆ 你去过外国吗？
nǐ qùguo wàiguó ma？
あなたは外国に行った事がありますか？

---

117 世界
shìjiè
★★★★

世界
◆ 世界地图
shìjiè dìtú
世界地図

---

118 国家
guójiā
★★★★

国
◆ 那个国家
nàge guójiā
あの国

34

119 文化
wénhuà
★★★

文化、教養
- 有文化
  yǒu wénhuà
  教養がある

120 故事
gùshi
★★★

物語
- 这个故事很有意思
  zhège gùshi hěn yǒu yìsi
  この物語は面白い

121 文学
wénxué
★★★

文学
- 我喜欢文学
  wǒ xǐhuan wénxué
  私は文学が好きだ

122 生活
shēnghuó
★★★

生活
- 幸福的生活
  xìngfú de shēnghuó
  幸せな生活

123 画儿
huàr
★★★
画／画　儿／児

絵
- 画画儿
  huà huàr
  絵を描く

35

124	**照片** zhàopiàn ★★☆☆	写真 ◆ 一张照片 yì zhāng zhàopiàn １枚の写真
125	**历史** lìshǐ ★☆☆☆ 历／歷	歴史 ◆ 我喜欢学历史 wǒ xǐhuan xué lìshǐ 私は歴史を学ぶのが好きだ

セクション13

126	**音乐** yīnyuè ★★★☆ 乐／楽	音楽 ◆ 听音乐 tīng yīnyuè 音楽を聞く
127	**钢琴** gāngqín ★☆☆☆ 钢／鋼	ピアノ ◆ 他会弹钢琴 tā huì tán gāngqín 彼はピアノが弾ける
128	**歌** gē ★★☆☆	歌 ◆ 她很会唱歌 tā hěn huì chàng gē 彼女は歌が上手だ

129 ☐	**卡拉OK** kǎlā OK ★★★	**カラオケ** ◆ 唱卡拉OK 　chàng kǎlā OK 　カラオケで歌う
130 ☐	**棒球** bàngqiú ★★★	**野球** ◆ 打棒球 　dǎ bàngqiú 　野球をする
131 ☐	**足球** zúqiú ★★★	**サッカー** ◆ 踢足球 　tī zúqiú 　サッカーをする
132 ☐	**篮球** lánqiú ★★★ 篮／籃	**バスケットボール** ◆ 打篮球 　dǎ lánqiú 　バスケットボールをする
133 ☐	**网球** wǎngqiú ★★★ 网／網	**テニス** ◆ 打网球 　dǎ wǎngqiú 　テニスをする

| 134 | 乒乓球
pīngpāngqiú
★★★ | 卓球
◆ 打乒乓球
dǎ pīngpāngqiú
卓球をする |

セクション14

135	小学 xiǎoxué ★★★★	小学校 ◆ 小学六年级的课本 xiǎoxué liù niánjí de kèběn 小学校6年生の教科書
136	中学 zhōngxué ★★★★	中学・高校 ◆ 在中学学英语 zài zhōngxué xué Yīngyǔ 中学・高校で英語を学ぶ
137	大学 dàxué ★★★★	大学 ◆ 大学里有两个食堂 dàxué li yǒu liǎng ge shítáng 大学の中には2つの食堂がある
138	学校 xuéxiào ★★★★	学校 ◆ 你每天几点去学校？ nǐ měi tiān jǐ diǎn qù xuéxiào？ あなたは毎日何時に学校へ行きますか？

139 教室
jiàoshì
★★★☆

教室
- 教室里有三个学生
  jiàoshì li yǒu sān ge xuésheng
  教室には３人の学生がいる

140 年级
niánjí
★★★☆
级／級

学年
- 几年级？
  jǐ niánjí？
  何年生ですか？

141 班
bān
★★☆☆

クラス
- 我们班有二十个同学
  wǒmen bān yǒu èrshí ge tóngxué
  私たちのクラスには20人の学生がいる

142 课本
kèběn
★★☆☆
课／課

教科書、テキスト
- 这是谁的课本？
  zhè shì shéi de kèběn？
  これは誰のテキストですか？

143 课文
kèwén
★★☆☆
课／課

本文
- 课文真长
  kèwén zhēn cháng
  (教科書の) 本文が本当に長い

39

144 作业
zuòyè
★★★★
业／業

宿題
- 做作业
  zuò zuòyè
  宿題をする

セクション15　　　　　　　　CD 15

145 号码
hàomǎ
★★★★
码／碼

番号
- 手机号码是多少？
  shǒujī hàomǎ shì duōshao？
  携帯電話の番号は何番ですか？

146 办法
bànfǎ
★★★★
办／辦

方法
- 你们有好办法吗？
  nǐmen yǒu hǎo bànfǎ ma？
  あなたたち何か良い方法はありますか？

147 问题
wèntí
★★★★
问／問　题／題

問題、質問
- 有很多问题
  yǒu hěn duō wèntí
  たくさんの問題がある

40

148 **别的**
biéde
★★★★
别／別

代 ほかの
◆ 去别的餐厅吧
qù biéde cāntīng ba
ほかのレストランに行きましょう

149 **事(儿)**
shì(r)
★★★★
儿／児

事
◆ 你有事吗？
nǐ yǒu shì ma？
なにか用？
◆ 一件事　yí jiàn shì　1つの事

150 **事情**
shìqing
★★★★

事柄
◆ 每天有很多事情
měi tiān yǒu hěn duō shìqing
毎日たくさんの用事がある

151 **样子**
yàngzi
★★★★
样／様

様子
◆ 看样子
kàn yàngzi
様子を見る、見たところ…のようだ

セクション16

CD 16

152 **狗**
gǒu
★★★★

犬
◆ 我家有五条狗
wǒ jiā yǒu wǔ tiáo gǒu
我が家には5匹の犬がいる

153 猫
māo
★★★★
猫
- 这只猫
  zhè zhī māo
  この猫

154 鸟
niǎo
★★★★
鸟／鳥
鳥
- 一只鸟
  yì zhī niǎo
  1羽の鳥

155 鱼
yú
★★★★
鱼／魚
魚
- 一条鱼
  yì tiáo yú
  1匹の魚

156 鸡
jī
★★★★
鸡／鶏
鶏
- 那两只鸡
  nà liǎng zhī jī
  あの2羽の鶏

157 猪
zhū
★★★★
豚
- 一口猪
  yì kǒu zhū
  1匹の豚

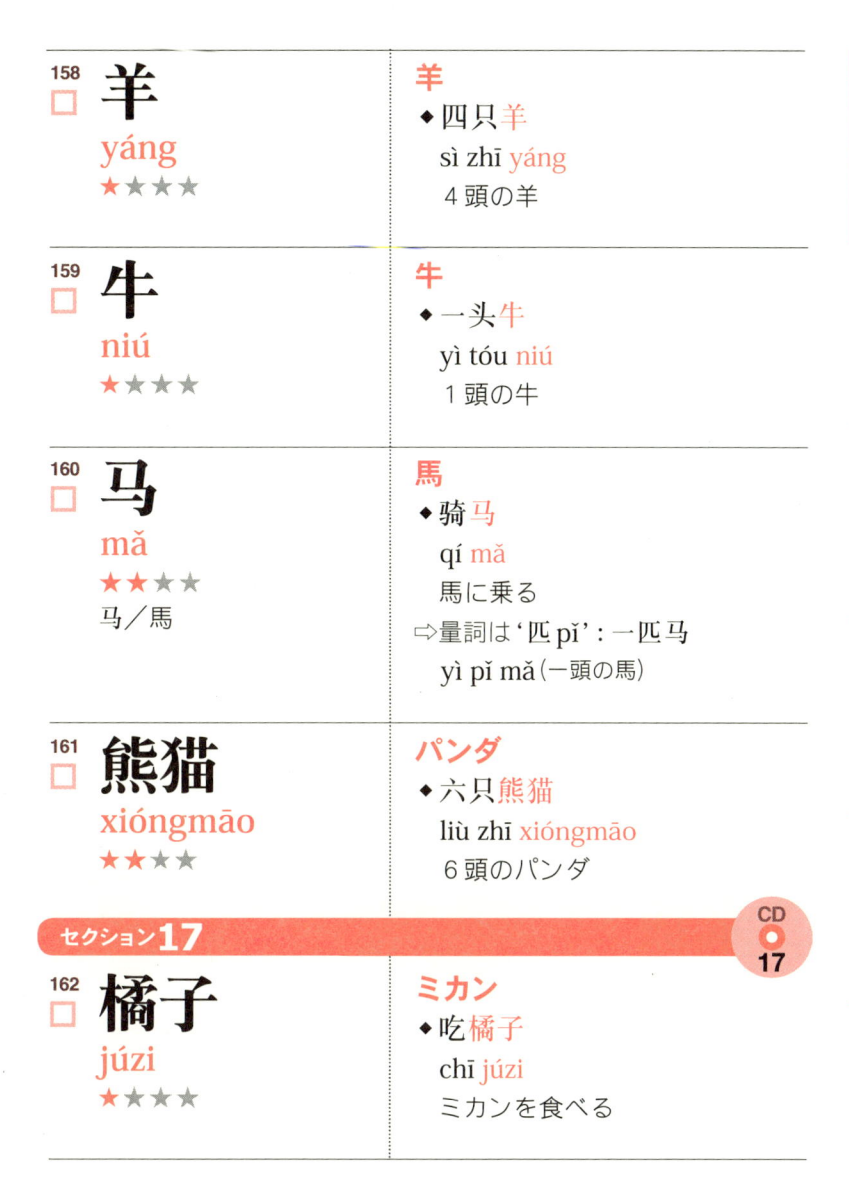

158 ☐	**羊**
	yáng
	★★★☆
		羊
		◆ 四只羊
		  sì zhī yáng
		  4頭の羊

159 ☐	**牛**
	niú
	★★★☆
		牛
		◆ 一头牛
		  yì tóu niú
		  1頭の牛

160 ☐	**马**
	mǎ
	★★☆☆
	马／馬
		馬
		◆ 骑马
		  qí mǎ
		  馬に乗る
		⇨ 量詞は'匹 pǐ'：一匹马
		  yì pǐ mǎ（一頭の馬）

161 ☐	**熊猫**
	xióngmāo
	★★☆☆
		パンダ
		◆ 六只熊猫
		  liù zhī xióngmāo
		  6頭のパンダ

セクション17

162 ☐	**橘子**
	júzi
	★★★☆
		ミカン
		◆ 吃橘子
		  chī júzi
		  ミカンを食べる

163 苹果 píngguǒ
★★☆☆

リンゴ
- 给弟弟一个苹果
  gěi dìdi yí ge píngguǒ
  弟に1つリンゴをあげる

164 香蕉 xiāngjiāo
★☆☆☆

バナナ
- 香蕉真好吃
  xiāngjiāo zhēn hǎochī
  バナナは本当においしい

165 西瓜 xīguā
★☆☆☆
瓜／瓜

スイカ
- 这个西瓜又大又甜
  zhège xīguā yòu dà yòu tián
  このスイカは大きくて甘い

166 水果 shuǐguǒ
★☆☆☆

果物
- 吃很多水果
  chī hěn duō shuǐguǒ
  たくさんの果物を食べる

167 米饭 mǐfàn
★★☆☆
饭／飯

米の飯
- 一碗米饭
  yì wǎn mǐfàn
  1杯のご飯

168 面条(儿)
miàntiáo(r)
★★☆☆
面／麵　儿／兒

麺類
- 常常吃面条儿
  chángcháng chī miàntiáor
  よく麺を食べる

169 馒头
mántou
★☆☆☆
馒／饅　头／頭

蒸しパン
- 买了三个馒头
  mǎi le sān ge mántou
  ３つ蒸しパンを買う

170 面包
miànbāo
★★★☆
面／麵　包／包

パン
- 七个面包
  qī ge miànbāo
  ７個のパン

171 饭
fàn
★★★☆
饭／飯

ご飯、食事
- 吃饭
  chī fàn
  ご飯を食べる

172 菜
cài
★★☆☆

料理
- 做菜
  zuò cài
  料理を作る

名詞／動詞／量詞／形容詞／副詞・その他／索引

45

173 菜单
càidān
★☆☆☆
単/単

メニュー
◆ 看菜单
kàn càidān
メニューを見る

174 味道
wèidao
★☆☆☆

味
◆ 味道不错
wèidao búcuò
味は悪くない

セクション18

CD 18

175 炒饭
chǎofàn
★★☆☆
饭/飯

チャーハン
◆ 吃炒饭
chī chǎofàn
チャーハンを食べる

176 饺子
jiǎozi
★★☆☆
饺/餃

ギョーザ
◆ 包饺子
bāo jiǎozi
ギョーザを作る

177 汤
tāng
★★☆☆
汤/湯

スープ
◆ 我每天都喝汤
wǒ měi tiān dōu hē tāng
毎日スープを飲む

178 肉 ròu
★☆☆☆

肉
- 我喜欢吃肉
  wǒ xǐhuan chī ròu
  肉を食べるのが好きだ

179 鸡蛋 jīdàn
★☆☆☆
鸡／鶏

卵
- 买鸡蛋
  mǎi jīdàn
  卵を買う

180 蔬菜 shūcài
★☆☆☆

野菜
- 每天吃很多蔬菜
  měi tiān chī hěn duō shūcài
  毎日たくさん野菜を食べる

181 点心 diǎnxin
★★☆☆

お菓子、軽食
- 下午吃点心
  xiàwǔ chī diǎnxin
  午後にお菓子を食べる

182 盐 yán
★★☆☆

塩
- 放盐
  fàng yán
  塩を入れる

183 糖
táng
★★★★

砂糖、飴
◆ 你放糖了吗？
nǐ fàng táng le ma ?
砂糖を入れましたか？

184 早饭
zǎofàn
★★★★
饭／飯

朝食
◆ 吃早饭
chī zǎofàn
朝ご飯を食べる

185 午饭
wǔfàn
★★★★
饭／飯

昼食
◆ 午饭在那儿吃
wǔfàn zài nàr chī
昼ご飯はあそこで食べる

186 晚饭
wǎnfàn
★★★★
晚／晚　饭／飯

夕食
◆ 一起吃晚饭
yìqǐ chī wǎnfàn
一緒に晩ご飯を食べる

セクション19

187 茶
chá
★★★★

お茶
◆ 请喝茶
qǐng hē chá
お茶をどうぞ

188 花茶 huāchá ★★★★

ジャスミン茶
- 我喜欢花茶
  wǒ xǐhuan huāchá
  私はジャスミン茶が好きだ

189 乌龙茶 wūlóngchá ★★★★

乌／烏　龙／龍

ウーロン茶
- 乌龙茶不贵
  wūlóngchá bú guì
  ウーロン茶の値段は高くない

190 绿茶 lǜchá ★★★★

绿／綠

緑茶
- 绿茶真好喝
  lǜchá zhēn hǎohē
  緑茶は本当においしい
= 清茶 qīngchá

191 红茶 hóngchá ★★★★

红／紅

紅茶
- 喝红茶还是喝咖啡？
  hē hóngchá háishi hē kāfēi？
  紅茶にしますか、それともコーヒーにしますか？

192 咖啡 kāfēi ★★★★

コーヒー
- 他们都喝咖啡
  tāmen dōu hē kāfēi
  彼らはみんなコーヒーを飲みます
  ⇨咖啡店 kāfēidiàn、
  　咖啡厅 kāfēitīng（喫茶店）

49

193 水
shuǐ
★★☆☆

水（湯を含む）
◆ 一杯水
yì bēi shuǐ
1杯の水

194 开水
kāishuǐ
★☆☆☆
开／開

白湯（さゆ：冷めたものも）
◆ 喝开水
hē kāishuǐ
白湯を飲む

195 牛奶
niúnǎi
★☆☆☆

牛乳
◆ 她每天喝牛奶
tā měi tiān hē niúnǎi
彼女は毎日牛乳を飲む

196 可乐
kělè
★☆☆☆
乐／楽

コーラ
◆ 一瓶可乐
yì píng kělè
1本のコーラ

197 酒
jiǔ
★★☆☆

お酒
◆ 喝酒
hē jiǔ
お酒を飲む

198 **啤酒** píjiǔ ★★★★

ビール
◆ 我喝啤酒，你呢？
wǒ hē píjiǔ, nǐ ne？
私はビールを飲みますが、あなたは？

セクション20

199 **餐厅** cāntīng ★★★★
厅／廳

レストラン
◆ 那个餐厅怎么样？
nàge cāntīng zěnmeyàng？
あのレストランはいかがですか？
＝餐馆 cānguǎn

200 **食堂** shítáng ★★★★

食堂
◆ 食堂在图书馆后边儿
shítáng zài túshūguǎn hòubianr
食堂は図書館の裏手にある

201 **饭店** fàndiàn ★★★★
饭／飯

ホテル
◆ 您住哪个饭店？
nín zhù nǎge fàndiàn？
あなたはどのホテルに泊まりますか？
＝宾馆 bīnguǎn

51

202 旅馆
lǚguǎn
★★☆☆
馆／館

旅館
- 找 旅馆
  zhǎo lǚguǎn
  (zhǎo lǘguǎn)
  旅館を探す

203 书店
shūdiàn
★★☆☆
书／書

書店
- 去 书店买书
  qù shūdiàn mǎi shū
  本を買いに書店に行く

204 商店
shāngdiàn
★★★☆

商店
- 我常常在那家商店买东西
  wǒ chángcháng zài nà jiā shāngdiàn mǎi dōngxi
  私はよくあの店で買い物をする

205 超市
chāoshì
★★☆☆

スーパーマーケット
- 在超市买东西
  zài chāoshì mǎi dōngxi
  スーパーマーケットで買い物する

206 邮局
yóujú
★★★☆
邮／郵

郵便局
- 邮局在医院对面
  yóujú zài yīyuàn duìmiàn
  郵便局は病院の向かいだ

207 ☐	**银行**　yínháng　★★☆☆　银／銀	銀行 ◆ 银行在车站北边儿 　yínháng zài chēzhàn běibianr 　銀行は駅の北側にある
208 ☐	**医院**　yīyuàn　★★★☆	病院 ◆ 我去医院看病 　wǒ qù yīyuàn kànbìng 　私は病院へ診察してもらいに行く

セクション 21　CD 21

209 ☐	**动物园**　dòngwùyuán　★☆☆☆　动／動　园／園	動物園 ◆ 带孩子去动物园 　dài háizi qù dòngwùyuán 　子供を連れて動物園へ行く
210 ☐	**公园**　gōngyuán　★★☆☆　园／園	公園 ◆ 在公园玩儿 　zài gōngyuán wánr 　公園で遊ぶ
211 ☐	**体育馆**　tǐyùguǎn　★☆☆☆　馆／館	体育館 ◆ 去体育馆练习 　qù tǐyùguǎn liànxí 　体育館に練習しに行く

53

212 ☐ **宿舍** sùshè ★★☆☆ 舍／舍	寮 ◆ 在宿舍休息 zài sùshè xiūxi 寮で休む
213 ☐ **图书馆** túshūguǎn ★★★☆ 图／図　书／書　馆／館	図書館 ◆ 在图书馆看书 zài túshūguǎn kàn shū 図書館で本を読む
214 ☐ **电影院** diànyǐngyuàn ★☆☆☆ 电／電	映画館 ◆ 跟她一起去电影院 gēn tā yìqǐ qù diànyǐngyuàn 彼女と一緒に映画館へ行く
215 ☐ **公司** gōngsī ★★★☆	会社 ◆ 这家公司很大 zhè jiā gōngsī hěn dà この会社は大きい
216 ☐ **办公室** bàngōngshì ★★☆☆ 办／辦	事務室 ◆ 办公室的钥匙 bàngōngshì de yàoshi 事務室のカギ

54

217 电梯
diàntī
★★★★
电／電

エレベーター
- 上电梯
  shàng diàntī
  エレベーターに乗る
⇨ 自动扶梯 zìdòng fútī（エスカレーター）

セクション 22

CD 22

218 家
jiā
★★★★

家
- 我家在东京
  wǒ jiā zài Dōngjīng
  私の家は東京にある
⇨ 量 家 jiā（店、会社、家族などを数える）

219 房子
fángzi
★★★★

家屋
- 买房子
  mǎi fángzi
  家を買う

220 门
mén
★★★★
门／門

ドア
- 开门
  kāi mén
  ドアを開ける

55

221 门口
ménkǒu
★☆☆☆
门／門

入り口
◆ 大学门口
　dàxué ménkǒu
　大学の門

222 屋子
wūzi
★★☆☆

部屋
◆ 屋子里没有人
　wūzi li méiyou rén
　部屋には誰もいません

223 房间
fángjiān
★★☆☆
间／間

部屋
◆ 有三个房间
　yǒu sān ge fángjiān
　３つの部屋がある

224 墙
qiáng
★☆☆☆

壁
◆ 墙上有画儿
　qiáng shang yǒu huàr
　壁に絵がある

225 洗手间
xǐshǒujiān
★☆☆☆
间／間

トイレ
◆ 洗手间在哪儿？
　xǐshǒujiān zài nǎr？
　トイレはどこですか？

226 □ **厕所** cèsuǒ ★★☆☆ 厕／厠　所／所	便所 ◆ 厕所在二楼 　cèsuǒ zài èr lóu 　トイレは２階にあります

セクション23

CD 23

227 □ **车站** chēzhàn ★★★☆ 车／車	駅、停留所 ◆ 车站在那边 　chēzhàn zài nàbiān 　駅はあそこだ
228 □ **火车** huǒchē ★★☆☆ 车／車	汽車 ◆ 火车快到了 　huǒchē kuài dào le 　列車はもうすぐ着く ⇨火车站 huǒchēzhàn（駅）
229 □ **电车** diànchē ★★★☆ 电／電　车／車	電車 ◆ 坐电车 　zuò diànchē 　電車に乗る
230 □ **地铁** dìtiě ★★★☆ 铁／鉄	地下鉄 ◆ 地铁很方便 　dìtiě hěn fāngbiàn 　地下鉄は便利だ

57

231 ☐ **公共汽车**
gōnggòng qìchē
★★★★
车／車

バス
◆ 我坐公共汽车去大学
wǒ zuò gōnggòng qìchē qù dàxué
私はバスで大学に行く
＝公交车 gōngjiāochē

232 ☐ **出租汽车**
chūzū qìchē
★★★★
车／車

タクシー
◆ 附近有出租汽车吗？
fùjìn yǒu chūzū qìchē ma？
近くにタクシーはありますか？
＝的士 dīshì

233 ☐ **汽车**
qìchē
★★★★
车／車

自動車
◆ 开汽车
kāi qìchē
車を運転する

234 ☐ **摩托车**
mótuōchē
★★★★
车／車

オートバイ
◆ 他骑摩托车去公司
tā qí mótuōchē qù gōngsī
彼はオートバイで会社へ行く

235 自行车
zìxíngchē
★★★★
车／車

自転車
◆骑自行车
　qí zìxíngchē
　自転車に乗る

セクション24

236 路
lù
★★★★

道
◆一条路
　yì tiáo lù
　１本の道

237 马路
mǎlù
★★★★
马／馬

大通り
◆过马路
　guò mǎlù
　通りを渡る
⇨街道 jiēdào（街路、町内）

238 桥
qiáo
★★★★
桥／橋

橋
◆过桥
　guò qiáo
　橋を渡る

239 街
jiē
★★★★

町
◆上街
　shàng jiē
　町に行く

240 **地方**
dìfang
★★☆☆

場所
◆ 这是什么地方？
zhè shì shénme dìfang ?
ここはどこですか？

241 **机场**
jīchǎng
★☆☆☆
机／機　场／場

空港
◆ 我家离机场很远
wǒ jiā lí jīchǎng hěn yuǎn
　　　(-chǎng hén yuǎn)
私の家は空港からとても遠い

242 **飞机**
fēijī
★★★☆
飞／飛　机／機

飛行機
◆ 坐飞机
zuò fēijī
飛行機に乗る

243 **船**
chuán
★☆☆☆
船／船

船
◆ 坐船去世界旅游
zuò chuán qù shìjiè lǚyóu
船で世界一周の旅をする

セクション **25**

CD **25**

244 **海**
hǎi
★☆☆☆
海／海

海
◆ 海很漂亮
hǎi hěn piàoliang
海はきれいだ

60

245 山
shān
★☆☆☆

山
- 那座山真高
  nà zuò shān zhēn gāo
  あの山は本当に高い

246 河
hé
★★☆☆

川
- 那儿有一条河
  nàr yǒu yì tiáo hé
  あそこに１本の川がある

247 树
shù
★☆☆☆
树／樹

木
- 很高的树
  hěn gāo de shù
  とても高い木

248 花（儿）
huā(r)
★☆☆☆
儿／児

花
- 送花儿
  sòng huār
  花をプレゼントする
- ⇨ 動 花 huā（使う）

249 太阳
tàiyang
★☆☆☆
阳／陽

太陽
- 出太阳了
  chū tàiyang le
  太陽が出た

61

250 □ 云 yún
★★★★
云／雲

雲
◆ 云很多
　yún hěn duō
　雲が多い

251 □ 月亮 yuèliang
★★★★
亮／亮

月
◆ 看月亮
　kàn yuèliang
　月を見る

252 □ 雨 yǔ
★★★★

雨
◆ 昨天下雨了
　zuótiān xiàyǔ le
　昨日雨が降った

253 □ 雪 xuě
★★★★

雪
◆ 下了不少雪
　xià le bù shǎo xuě
　雪がたくさん降った

254 □ 天气 tiānqì
★★★★
气／気

天気
◆ 天气不好
　tiānqì bù hǎo
　天気が良くない

セクション 26

255 春天 chūntiān ★★★★
春
- 春天来了
  chūntiān lái le
  春が来た

256 夏天 xiàtiān ★★★★
夏
- 夏天很热
  xiàtiān hěn rè
  夏は暑い

257 秋天 qiūtiān ★★★★
秋
- 秋天到了
  qiūtiān dào le
  秋が来た

258 冬天 dōngtiān ★★★★
冬
- 冬天很冷
  dōngtiān hěn lěng
  冬は寒い

259 暑假 shǔjià ★★★★
夏休み
- 放暑假
  fàng shǔjià
  夏休みになる

260 ★★★★

寒假
hánjià

冬休み
◆ 寒假你打算去哪儿？
hánjià nǐ dǎsuàn qù nǎr ?
冬休みはどこへ行くつもりですか？

261 ★★★★

节日
jiérì

节／節

祭日
◆ 今天是什么节日？
jīntiān shì shénme jiérì ?
今日は何の祭日ですか？

262 ★★★★

春节
chūnjié

节／節

春節、旧正月
◆ 春节到了
chūnjié dào le
春節の日が来た

263 ★★★★

生日
shēngrì

誕生日
◆ 祝你生日愉快
zhù nǐ shēngrì yúkuài
誕生日おめでとう

セクション27

CD 27

264 ★★★★

今年
jīnnián

今年
◆ 今年多大了？
jīnnián duō dà le ?
今年何歳になりましたか？

265 去年
qùnián
★★★★

去年
◆ 去年春天
qùnián chūntiān
去年の春

266 前年
qiánnián
★★★★

おととし
◆ 前年秋天
qiánnián qiūtiān
おととしの秋

267 明年
míngnián
★★★★

来年
◆ 明年去中国
míngnián qù Zhōngguó
来年中国へ行きます

268 后年
hòunián
★★★★
后／後

再来年
◆ 后年去英国
hòunián qù Yīngguó
再来年イギリスに行く

269 今天
jīntiān
★★★★

今日
◆ 今天星期几？
jīntiān xīngqījǐ？
今日は何曜日ですか？

270 昨天 zuótiān ★★★★

昨日
- 昨天早上
  zuótiān zǎoshang
  昨日の朝

271 前天 qiántiān ★★★☆

おととい
- 前天你去哪儿了？
  qiántiān nǐ qù nǎr le？
  おとといあなたはどこに行きましたか？

272 明天 míngtiān ★★★★

明日
- 明天见
  míngtiān jiàn
  明日会いましょう

273 后天 hòutiān ★★★☆
后／後

あさって
- 后天是星期一
  hòutiān shì xīngqīyī
  あさっては月曜日だ

274 每天 měi tiān ★★★★
每／毎

毎日
- 你每天几点起床？
  nǐ měi tiān jǐ diǎn qǐchuáng？
  (jí diǎn qǐ-)
  あなたは毎日何時に起きますか？

セクション28

275 早上
zǎoshang
★★★★

朝
- 早上七点起床
zǎoshang qī diǎn qǐchuáng
朝7時に起きる

276 上午
shàngwǔ
★★★☆

午前
- 上午九点
shàngwǔ jiǔ diǎn
(-wǔ jiú diǎn)
午前9時

277 中午
zhōngwǔ
★★☆☆

昼
- 中午十二点
zhōngwǔ shí'èr diǎn
昼の12時

278 白天
báitiān
★☆☆☆

昼間
- 她白天不在家
tā báitiān bú zài jiā
彼女は昼間は家にいない

279 下午
xiàwǔ
★★★★

午後
- 星期天下午
xīngqītiān xiàwǔ
日曜日の午後

280 傍晚 bàngwǎn
★★★★
晚／晚

夕方
◆ 每天傍晚五点下班
měi tiān bàngwǎn wǔ diǎn
　　　　　(-wǎn wǔ diǎn)
xiàbān
每日夕方５時に退勤する

281 晚上 wǎnshang
★★★★
晚／晚

夜、晩
◆ 今天晚上
jīntiān wǎnshang
今夜

282 夜里 yèli
★★★★

夜中
◆ 他夜里还在看书
tā yèli hái zài kàn shū
彼は深夜なのにまだ本を読んでいる

セクション29

283 现在 xiànzài
★★★★
现／现

今
◆ 现在几点？
xiànzài jǐ diǎn？
今何時ですか？

284 以前 yǐqián
★★★★
以／以

以前、〜の前
◆ 以前见过他
yǐqián jiànguo tā
以前彼に会ったことがある

285 □	**以后** yǐhòu ★★★★ 以／以　后／後	**今後、〜の後** ◆ 以后再说　yǐhòu zài shuō 　今度また話しましょう（今後のこととしましょう） ◆ 下课以后　xiàkè yǐhòu 　授業が終わった後（放課後）
286 □	**最近** zuìjìn ★★★★	**最近** ◆ 你最近忙吗？ 　nǐ zuìjìn máng ma？ 　あなたは最近忙しいですか？
287 □	**刚才** gāngcái ★★★★ 刚／剛　才／才	**先ほど** ◆ 刚才有人找你 　gāngcái yǒu rén zhǎo nǐ 　先ほど君を訪ねてきた人がいたよ
288 □	**机会** jīhuì ★★★★ 机／機	**チャンス** ◆ 找机会 　zhǎo jīhuì 　チャンスを見つける
289 □	**空（儿）** kòng(r) ★★★★ 儿／児	**暇** ◆ 你有空儿吗？ 　nǐ yǒu kòngr ma？ 　あなたは暇がありますか？

290 时间
shíjiān
★★★★
时／時　间／間

時間
- 今天我没有时间
  jīntiān wǒ méiyou shíjiān
  今日私には時間がない

291 时候
shíhou
★★★★
时／時

時
- 小时候　xiǎo shíhou
  子供の頃
- 吃饭的时候　chī fàn de shíhou
  食事の時

数字

Column

零	líng	一	yī	二	èr	三	sān	四	sì	五	wǔ
六	liù	七	qī	八	bā	九	jiǔ	十	shí		

ひとつ	一个	yí ge	ふたつ	两个	liǎng ge
ひとつめ	第一个	dì-yī ge	ふたつめ	第二个	dì-èr ge

100	一百 yì bǎi	200	两百（二百） liǎng bǎi (èr bǎi)
101	一百零一 yì bǎi líng yī		
110	一百一十 yì bǎi yī shí 一百一 yì bǎi yī		
1,000	一千 yì qiān	2,000	两千 liǎng qiān
1,001	一千零一 yì qiān líng yī		
1,010	一千零一十 yì qiān líng yī shí		
1,100	一千一百 yì qiān yì bǎi 一千一 yì qiān yī	2,100	两千一百 liǎng qiān yì bǎi 两千一 liǎng qiān yī
10,000	一万 yí wàn	20,000	两万（二万） liǎng wàn (èr wàn)
1億	一亿 yí yì	2億	两亿（二亿） liǎng yì (èr yì)

時間

時点		時間の量	
一年 yī nián A.D. 1 年	二年 èr nián A.D.2 年	一年 yì nián 1年間	两年 liǎng nián 2年間
二〇一五年 èr líng yī wǔ nián 2015年		两千零一十五年 liǎng qiān líng yī shí wǔ nián 2015年間	
一月一号 yī yuè yī hào 1月1日	二月二号 èr yuè èr hào 2月2日	一个月 yí ge yuè 1か月	两个月 liǎng ge yuè 2か月
		一天 yì tiān 1日間	两天 liǎng tiān 2日間
星期一 xīngqīyī 月曜日	星期二 xīngqī'èr 火曜日	一个星期 yí ge xīngqī 1週間	两个星期 liǎng ge xīngqī 2週間
一点（钟） yì diǎn(zhōng) 1時	两点（钟） liǎng diǎn (zhōng) 2時	一小时 yì xiǎoshí 一个小时 yí ge xiǎoshí 一个钟头 yí ge zhōngtóu 1時間	两小时 liǎng xiǎoshí 两个小时 liǎng ge xiǎoshí 两个钟头 liǎng ge zhōngtóu 2時間
一点半 yì diǎn bàn 1 時半		半小时 bàn xiǎoshí 半个小时 bàn ge xiǎoshí 半个钟头 bàn ge zhōngtóu 30分間	

一分 yī fēn 1分	二分 èr fēn 2分	一分钟 yì fēn zhōng 1分間	两分钟 liǎng fēn zhōng 2分間
	差五分三点 chà wǔ fēn sān diǎn 3時5分前		
一刻 yí kè 15分 三刻 sān kè 45分		一刻钟 yí kè zhōng 15分間 三刻钟 sān kè zhōng 45分間	

公元…年 gōngyuán…nián	公元前…年 gōngyuán qián…nián
紀元…年	紀元前…年

星期三 xīngqīsān	星期四 xīngqīsì	星期五 xīngqīwǔ
水曜日	木曜日	金曜日
星期六 xīngqīliù	星期天／星期日 xīngqītiān／xīngqīrì	
土曜日	日曜日	

上星期 shàng xīngqī	这个星期 zhège xīngqī	下星期 xià xīngqī
先週	今週	来週

＊"星期 xīngqī"は"礼拜 lǐbài"ともいう

每天 měi tiān	每个星期 měi ge xīngqī	每个月 měi ge yuè	每年 měi nián
每日	每週	每月	每年

お金

Column

書き言葉	1元 yuán = 10角 jiǎo = 100分 fēn	
話し言葉	1块 kuài = 10毛 máo = 100分 fēn	

1.10元	一块一毛 yí kuài yī máo 一块一 yí kuài yī	2.20元	两块二毛 liǎng kuài èr máo 两块二 liǎng kuài èr
0.10元	一毛 yì máo	0.20元	两毛 liǎng máo
0.01元	一分 yì fēn	0.02元	两分 liǎng fēn 二分 èr fēn
いくら 何百元	多少钱 duōshao qián 几百块 jǐ bǎi kuài		

CROWN

Vocabulary Builder Chinese 600

動詞

セクション30

292 看 kàn ★★★★
見る
- 看电影　kàn diànyǐng
  映画を見る
- 看杂志　kàn zázhì
  雑誌を見る

293 听 tīng ★★★★
听／聴
聞く
- 听音乐
  tīng yīnyuè
  音楽を聞く

294 写 xiě ★★★★
写／寫
書く
- 写字　xiě zì
  字を書く
- 写信　xiě xìn
  手紙を書く

295 画 huà ★★★★
画／画
描く
- 画画儿
  huà huàr
  絵を描く

296 说 shuō
話す
- 请再说一遍

	★★★★ 说／説	qǐng zài shuō yí biàn もう一度話してください
297	**讲** jiǎng ★★★★ 讲／講	**話す** ◆ 讲故事 jiǎng gùshi 物語を語る
298	**谈** tán ★★★★ 谈／談	**語る** ◆ 我们在里边谈谈吧 wǒmen zài lǐbian tántan ba 中で少し話そう
299	**念** niàn ★★★★	**朗読する** ◆ 念课文　niàn kèwén 本文を朗読する ◆ 念书　niàn shū 勉強する
300	**问** wèn ★★★★ 问／問	**問う** ◆ 请问 qǐngwèn おうかがいしますが

77

301 叫
jiào
★★★★
叫／叫

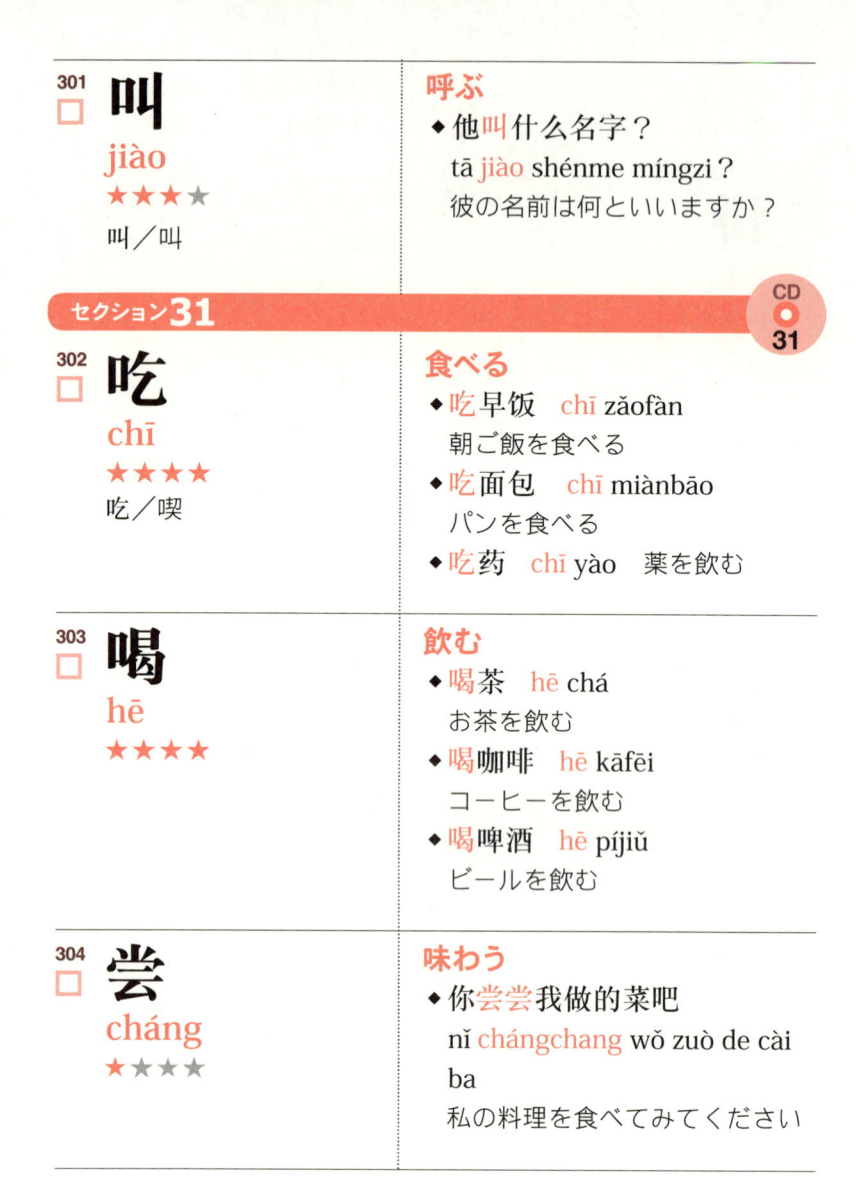

呼ぶ
- 他叫什么名字？
  tā jiào shénme míngzi？
  彼の名前は何といいますか？

セクション31

302 吃
chī
★★★★
吃／喫

食べる
- 吃早饭　chī zǎofàn
  朝ご飯を食べる
- 吃面包　chī miànbāo
  パンを食べる
- 吃药　chī yào　薬を飲む

303 喝
hē
★★★★

飲む
- 喝茶　hē chá
  お茶を飲む
- 喝咖啡　hē kāfēi
  コーヒーを飲む
- 喝啤酒　hē píjiǔ
  ビールを飲む

304 尝
cháng
★★★★

味わう
- 你尝尝我做的菜吧
  nǐ chángchang wǒ zuò de cài ba
  私の料理を食べてみてください

305 点 diǎn ★★★

注文する、確認する
- 点菜　diǎn cài
料理を注文する
- 点名　diǎn míng
点呼を取る

306 穿 chuān ★★★

着る、はく
- 穿衣服　chuān yīfu
服を着る
- 穿鞋　chuān xié
靴をはく
- 穿裤子　chuān kùzi
ズボンをはく

307 戴 dài ★★★

かぶる、かける
- 戴帽子　dài màozi
帽子をかぶる
- 戴手表　dài shǒubiǎo
腕時計をつける
- 戴眼镜　dài yǎnjìng
眼鏡をかける

308 带 dài ★★★
带／帶

持つ、連れる
- 带钱　dài qián
お金を持つ
- 带孩子　dài háizi
子供を連れる

309 拿 ná ★★★

持つ
◆ 拿着一个手机
názhe yí ge shǒujī
携帯電話を手にする

310 放 fàng ★★★★

置く
◆ 放东西　fàng dōngxi
物を置く
◆ 放暑假　fàng shǔjià
夏休みになる

セクション32

311 是 shì ★★★★

〜である
◆ 我是日本人
wǒ shì Rìběnrén
私は日本人だ

312 姓 xìng ★★★★

姓は〜だ
◆ 您贵姓？
nín guì xìng？
ご名字は？

313 当 dāng ★★★★

〜になる
◆ 当医生
dāng yīshēng
医者になる

314 有 yǒu ★★★★

～がある、いる
- 桌子上有书
  zhuōzi shang yǒu shū
  机の上に本がある

315 在 zài ★★★★

～にある、いる
- 邮局在书店右边儿
  yóujú zài shūdiàn yòubianr
  郵便局は本屋の右側にある
⇨ 副在 zài（～している）、
  前在 zài（～で）

316 做 zuò ★★★☆

する、作る
- 做饭　zuò fàn
  ご飯を作る
- 做作业　zuò zuòyè
  宿題をする

317 办 bàn ★★☆☆
办／辦

する、処理する
- 我去办一点儿事
  wǒ qù bàn yìdiǎnr shì
  ちょっと用事をすませに行きます

318 干 gàn ★★★☆
干／幹

する、やる
- 他干什么呢？
  tā gàn shénme ne？
  彼は何をしているのですか？

セクション33

319 要 yào
★★★★

欲しい、要する
- 我要这个　wǒ yào zhège
  私はこれが欲しい
- 要多长时间？
  yào duō cháng shíjiān？
  どれくらいの時間がかかりますか？
⇨ 助動 要 yào（〜したい、〜する必要がある）

320 想 xiǎng
★★★★

思う
- 想办法
  xiǎng bànfǎ
  方法を考える
⇨ 助動 想 xiǎng（〜したい）

321 爱 ài
★★★★
爱／愛

好む、〜しがちだ
- 我爱你
  wǒ ài nǐ
  君が好きだ

322 笑 xiào
★★★★

笑う
- 她笑了
  tā xiào le
  彼女は笑った

82

323 □	**哭** kū ★★★	**泣く** ◆ 孩子哭了 háizi kū le 子供が泣いた
324 □	**怕** pà ★★★	**こわがる** ◆ 我怕狗 wǒ pà gǒu 私は犬がこわい
325 □	**懂** dǒng ★★★	**わかる** ◆ 我懂了 wǒ dǒng le わかりました
326 □	**记** jì ★★★ 记／記	**覚える、メモする** ◆ 我记错了 wǒ jìcuò le 私の記憶違いでした ◆ 用钢笔记一下 yòng gāngbǐ jì yíxià ペンでメモする
327 □	**忘** wàng ★★★	**忘れる** ◆ 别忘了学习 bié wàng le xuéxí 勉強するのを忘れるな

セクション34

328 住 zhù
★★☆☆

住む、泊まる
- 我在上海住了五年
  wǒ zài Shànghǎi zhù le wǔ nián
  私は上海に5年住んだ
- 你住哪个饭店？
  nǐ zhù nǎge fàndiàn？
  あなたはどのホテルに泊まりますか？

329 用 yòng
★★☆☆

使う
- 用铅笔写　yòng qiānbǐ xiě
  鉛筆で書く
- 用了五分钟
  yòng le wǔ fēn zhōng
  5分間かかった

330 洗 xǐ
★☆☆☆

洗う
- 爸爸洗衣服呢
  bàba xǐ yīfu ne
  お父さんは服を洗っています

331 找 zhǎo
★★☆☆

探す、(人を)訪ねる、おつりを出す
- 找东西　zhǎo dōngxi
  物を探す
- 找您钱　zhǎo nín qián
  おつりをお返しします

332 开 kāi
★★★★
开／開

開ける、ONにする
- 开门　kāi mén　ドアを開ける
- 开灯　kāi dēng　電気をつける
- 开汽车　kāi qìchē
  車を運転する

333 关 guān
★★★★
关／関

閉める、OFFにする
- 关窗户
  guān chuānghu
  窓を閉める

334 站 zhàn
★★★★

立つ
- 他站着呢
  tā zhànzhe ne
  彼は立っています

335 坐 zuò
★★★★

座る
- 坐电车　zuò diànchē
  電車に乗る
- 请坐　qǐng zuò
  座ってください

336 弹 tán
★★★★
弹／弾

弾く
- 弹钢琴
  tán gāngqín
  ピアノを弾く

85

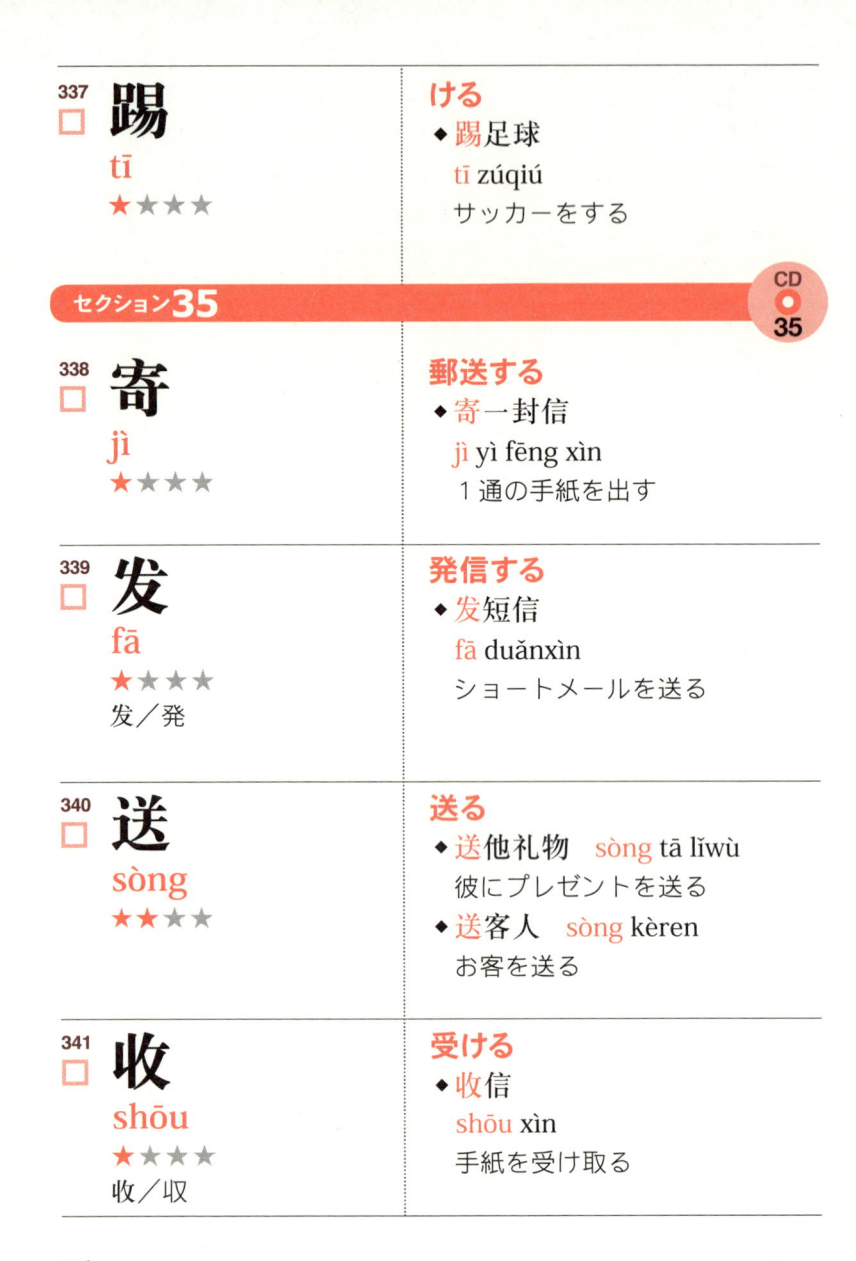

337	踢 tī ★★★★	ける ◆ 踢足球 　tī zúqiú 　サッカーをする

セクション 35

CD 35

338	寄 jì ★★★★	郵送する ◆ 寄一封信 　jì yì fēng xìn 　1通の手紙を出す
339	发 fā ★★★★ 发／発	発信する ◆ 发短信 　fā duǎnxìn 　ショートメールを送る
340	送 sòng ★★★★	送る ◆ 送他礼物　sòng tā lǐwù 　彼にプレゼントを送る ◆ 送客人　sòng kèren 　お客を送る
341	收 shōu ★★★★ 收／収	受ける ◆ 收信 　shōu xìn 　手紙を受け取る

342 接 jiē ★★★

受ける、迎える
- 接电话　jiē diànhuà
  電話を受ける
- 去机场接朋友
  qù jīchǎng jiē péngyou
  空港に友達を迎えに行く

343 给 gěi ★★★
给／給

あげる
- 爸爸给我五本书
  bàba gěi wǒ wǔ běn shū
  　　(gěi wǒ wú běn)
  父は私に5冊の本をくれる

344 帮 bāng ★★★
帮／幫

手伝う
- 我帮你吧
  wǒ bāng nǐ ba
  お手伝いしましょう
= 帮助 bāngzhù, 帮忙 bāng▾máng

345 祝 zhù ★★★

祈る
- 祝你幸福
  zhù nǐ xìngfú
  あなたの幸せを祈ります

346 请 qǐng ★★★★
请／請

招く、お願いする
- 请喝茶
  qǐng hē chá
  お茶をどうぞ

347 等 děng
★★★★

待つ
- 请等一下
  qǐng děng yíxià
  少しお待ちください

348 教 jiāo
★☆☆☆

教える
- 她教我跳舞
  tā jiāo wǒ tiàowǔ
  彼女は私に踊りを教える

349 学 xué
★★★☆

学ぶ
- 我每天学汉语
  wǒ měi tiān xué Hànyǔ
  私は毎日中国語を勉強する

セクション36

350 包 bāo
★★☆☆
包／包

包む
- 包饺子
  bāo jiǎozi
  ギョーザを作る

351 打 dǎ
★★★☆

たたく、球技をする
- 打电话　dǎ diànhuà
  電話をかける
- 打篮球　dǎ lánqiú
  バスケットボールをする
- 打伞　dǎ sǎn　傘をさす

352 唱 chàng ★★☆☆

歌う
- 唱歌
  chàng gē
  歌を歌う

353 骑 qí ★★★☆
骑／騎

(またがって)乗る
- 骑自行车
  qí zìxíngchē
  自転車に乗る

354 玩儿 wánr ★☆☆☆
儿／児

遊ぶ
- 他在玩儿呢
  tā zài wánr ne
  彼は遊んでいます

355 试 shì ★☆☆☆
试／試

試す
- 试一下　shì yíxià
  ちょっと試す
- 试衣服　shì yīfu
  服を試着する

356 换 huàn ★☆☆☆
换／換

換える
- 在哪儿换车？
  zài nǎr huàn chē？
  どこで乗り換えますか？

89

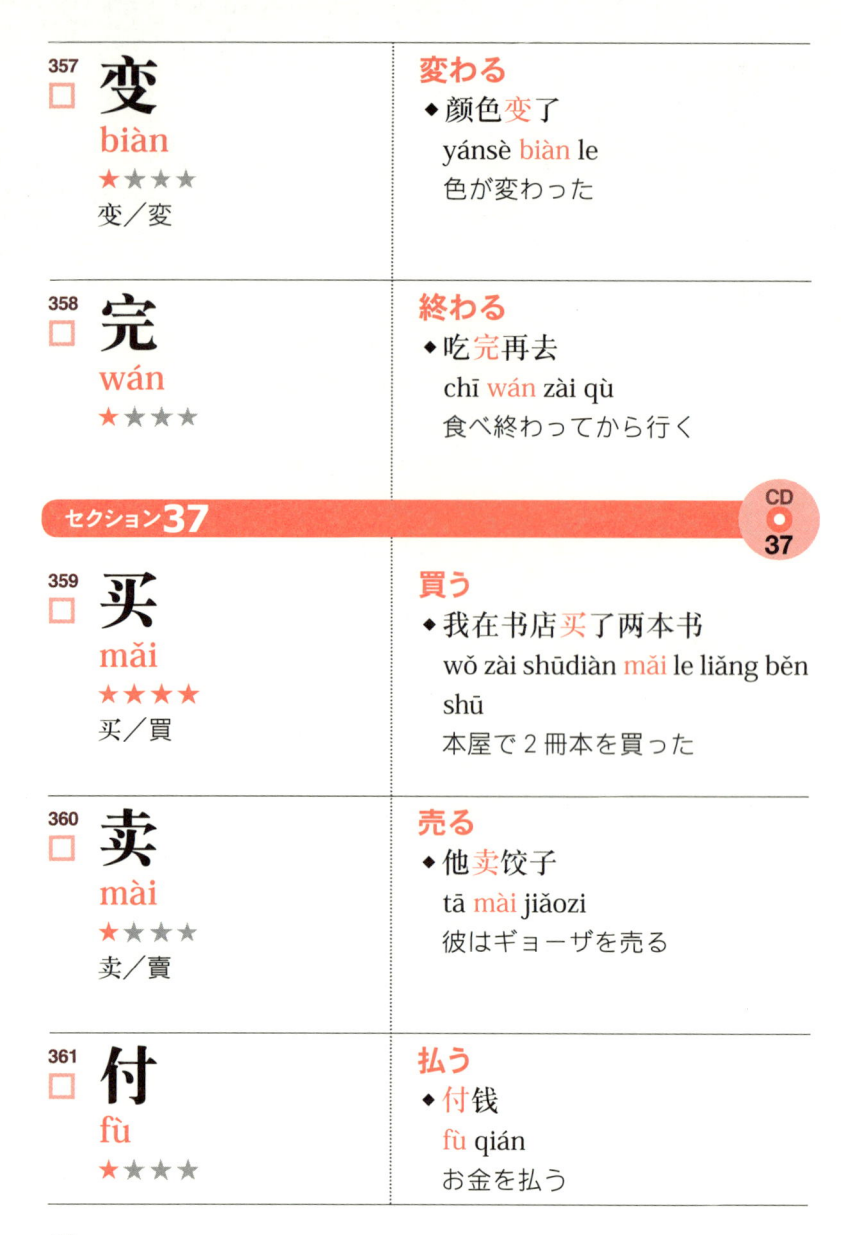

357	**変** biàn ★★★★ 変／變	**変わる** ◆ 颜色变了 yánsè biàn le 色が変わった
358	**完** wán ★★★★	**終わる** ◆ 吃完再去 chī wán zài qù 食べ終わってから行く

セクション37

CD 37

359	**买** mǎi ★★★★ 买／買	**買う** ◆ 我在书店买了两本书 wǒ zài shūdiàn mǎi le liǎng běn shū 本屋で2冊本を買った
360	**卖** mài ★★★★ 卖／賣	**売る** ◆ 他卖饺子 tā mài jiǎozi 彼はギョーザを売る
361	**付** fù ★★★★	**払う** ◆ 付钱 fù qián お金を払う

362 花 huā ★★★

使う
- 花钱　huā qián
  お金を使う
- 花时间　huā shíjiān
  時間を使う
- ⇨ 名 花 huā（花）

363 借 jiè ★★★★

借りる、貸す
- 跟他借一千块
  gēn tā jiè yì qiān kuài
  彼に1,000円借りる
- 借给他一千块
  jiè gěi tā yì qiān kuài
  彼に1,000円貸す

364 还 huán ★★★★
还／還

返す
- 还您钱
  huán nín qián
  お金をお返しします

365 进 jìn ★★★★
进／進

入る
- 请进
  qǐng jìn
  どうぞお入りください

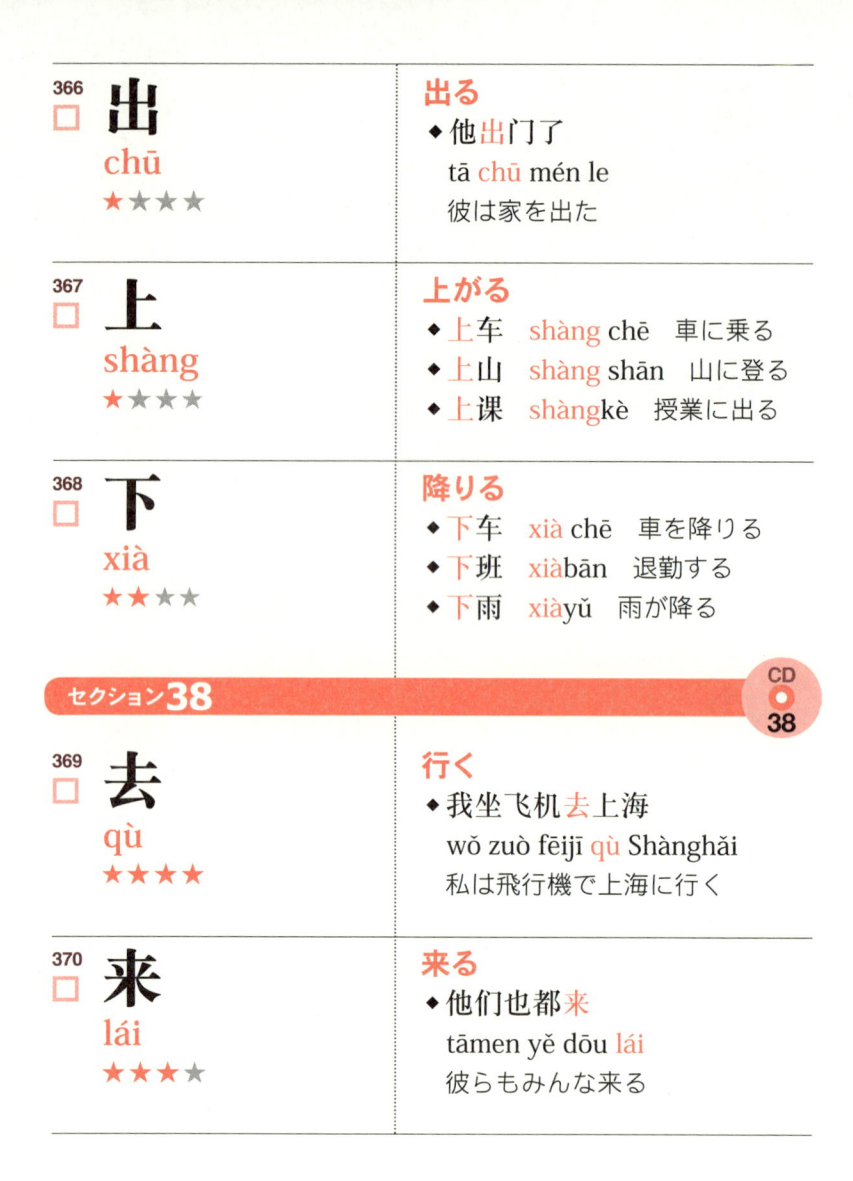

366 □	**出** chū ★★★☆	出る ◆ 他出门了 　 tā chū mén le 　 彼は家を出た
367 □	**上** shàng ★★★☆	上がる ◆ 上车　shàng chē　車に乗る ◆ 上山　shàng shān　山に登る ◆ 上课　shàngkè　授業に出る
368 □	**下** xià ★★☆☆	降りる ◆ 下车　xià chē　車を降りる ◆ 下班　xiàbān　退勤する ◆ 下雨　xiàyǔ　雨が降る

セクション38

CD 38

369 □	**去** qù ★★★★	行く ◆ 我坐飞机去上海 　 wǒ zuò fēijī qù Shànghǎi 　 私は飛行機で上海に行く
370 □	**来** lái ★★★★	来る ◆ 他们也都来 　 tāmen yě dōu lái 　 彼らもみんな来る

92

371 回 huí ★★★★

帰る
- 回家 huíjiā
  家に帰る

372 过 guò ★★★★
过／過

通る、(時間を)過ごす
- 过马路　guò mǎlù　道を渡る
- 过生日　guò shēngrì
  誕生日を過ごす
- 过年　guò nián
  新年(旧正月)を祝う

373 到 dào ★★★★

着く、到着する
- 他上午十点才到公司
  tā shàngwǔ shí diǎn cái dào gōngsī
  彼は10時にようやく会社に着いた

374 走 zǒu ★★★★

歩く、出かける
- 请慢走
  qǐng màn zǒu
  気をつけてお帰りください

375 跑 pǎo ★★★★

走る、逃げる
- 他跑了
  tā pǎo le
  彼は走った

93

376	停 tíng ★★★☆	停める、停まる ◆ 停一下 　tíng yíxià 　ちょっと停まる
377	爬 pá ★★☆☆	登る、はう ◆ 爬山 　pá shān 　山に登る
378	飞 fēi ★★☆☆ 飞／飛	飛ぶ ◆ 鸟飞了 　niǎo fēi le 　鳥が飛んだ

セクション39

379	起床 qǐ˅chuáng ★★★☆	起きる ◆ 你每天几点起床？ 　nǐ měi tiān jǐ diǎn qǐchuáng？ 　　　　　（jǐ diǎn qǐ-) 　あなたは毎日何時に起きますか？
380	散步 sàn˅bù ★☆☆☆ 步／步	散歩する ◆ 一起去散步吧 　yìqǐ qù sànbù ba 　一緒に散歩に行きましょう

381 収拾 shōushi
★★★★
収／収

片付ける
◆ 収拾房间
shōushi fángjiān
部屋を片付ける

382 上网 shàng▾wǎng
★★★★
网／網

ネットに接続する
◆ 上网学习
shàngwǎng xuéxí
インターネットで勉強する

383 抽烟 chōu▾yān
★★★★
烟／煙

タバコを吸う
◆ 请不要抽烟
qǐng búyào chōuyān
タバコを吸わないでください

384 开车 kāi▾chē
★★★★
开／開　车／車

車を運転する
◆ 我开车旅游
wǒ kāichē lǚyóu
私は車で旅行する

385 打工 dǎ▾gōng
★★★★

アルバイトをする
◆ 在书店打工
zài shūdiàn dǎgōng
本屋でアルバイトをする

95

386	回家 huí▼jiā ★★★★	家へ帰る ◆ 我回家, 你呢？ wǒ huíjiā, nǐ ne？ 私は帰宅しますが、あなたは？
387	洗澡 xǐ▼zǎo ★★★★	入浴する ◆ 我每天洗澡 wǒ měi tiān xǐzǎo 私は毎日入浴する
388	睡觉 shuì▼jiào ★★★★ 觉／覚	寝る ◆ 我晚上十点睡觉 wǒ wǎnshang shí diǎn shuìjiào 私は夜10時に寝る

セクション40

389	上班 shàng▼bān ★★★★	出勤する ◆ 上班了 shàngbān le 出勤した
390	下班 xià▼bān ★★★★	退勤する ◆ 六点下班 liù diǎn xiàbān 6時に退勤する

391 □ **工作** gōngzuò ★★★★	**仕事をする** ◆ 你在哪儿工作？ nǐ zài nǎr gōngzuò？ あなたはどこで働いていますか？
392 □ **学习** xuéxí ★★★★ 习／習	**勉強する** ◆ 学习汉语 xuéxí Hànyǔ 中国語を勉強する
393 □ **上学** shàng▾xué ★★★★	**学校へ行く** ◆ 你妹妹上学了吗？ nǐ mèimei shàngxué le ma？ あなたの妹は学校へ行きましたか？ ⇔ 放学 fàngxué（学校がひける）
394 □ **迟到** chídào ★★★★ 迟／遲	**遅刻する** ◆ 请不要迟到 qǐng búyào chídào 遅刻しないでください
395 □ **上课** shàng▾kè ★★★★ 课／課	**授業に出る、授業をする** ◆ 大学九点开始上课 dàxué jiǔ diǎn kāishǐ shàngkè 大学は９時に授業が始まる

396 **下课** xià▾kè
★★☆☆
课／課

授業が終わる、授業を終える
◆ 下了课就回家
xià le kè jiù huíjiā
授業が終わったら家に帰る

セクション41

397 **练习** liànxí
★★★☆
练／練　习／習

練習する
◆ 练习发音
liànxí fāyīn
発音練習をする

398 **复习** fùxí
★★☆☆
复／復　习／習

復習する
◆ 复习课文
fùxí kèwén
本文を復習する

399 **考试** kǎoshì
★★★★
考／考　试／試

試験をする
◆ 正在考试
zhèngzài kǎoshì
試験中だ

400 **留学** liú▾xué
★★★☆

留学する
◆ 去中国留学
qù Zhōngguó liúxué
中国へ留学に行く

401 游泳
yóu▼yǒng
★★★

泳ぐ
◆我会游泳
wǒ huì yóuyǒng
私は泳げる

402 跳舞
tiào▼wǔ
★★★

踊る
◆我不会跳舞
wǒ bú huì tiàowǔ
私はダンスができない

403 运动
yùndòng
★★★★
运／運　动／動

運動する
◆你喜欢运动吗？
nǐ xǐhuan yùndòng ma？
あなたは運動が好きですか？

404 休息
xiūxi
★★★★

休む
◆好好儿休息
hǎohāor xiūxi
十分に休む

セクション42

CD 42

405 准备
zhǔnbèi
★★★
准／準　备／備

準備する
◆准备考试
zhǔnbèi kǎoshì
試験にそなえ勉強する

99

406 开始 kāishǐ
★★☆☆
开／開

始まる
◆ 开始上课
kāishǐ shàngkè
授業が始まる

407 出发 chūfā
★☆☆☆
发／発

出発する
◆ 她刚出发
tā gāng chūfā
彼女は出発したところだ

408 参加 cānjiā
★☆☆☆

参加する
◆ 参加汉语班
cānjiā Hànyǔbān
中国語の授業に参加する

409 参观 cānguān
★☆☆☆
观／観

見学する
◆ 参观学校
cānguān xuéxiào
学校を見学する

410 旅游 lǚyóu
★★☆☆

旅行する
◆ 我想去北京旅游
wǒ xiǎng qù Běijīng lǚyóu
北京に旅行に行きたい

411 ☐	**照相** zhào▾xiàng ★★★★	**写真を撮る** ◆ 请你帮我们照相 qǐng nǐ bāng wǒmen zhàoxiàng 私たちのために写真を撮ってください
412 ☐	**下雨** xià▾yǔ ★★★★	**雨が降る** ◆ 明天下雨吗？ míngtiān xiàyǔ ma？ 明日雨は降りますか？
413 ☐	**刮风** guā▾fēng ★★★★ 风／風	**風が吹く** ◆ 刮风了 guāfēng le 風が吹いた
414 ☐	**感冒** gǎnmào ★★★★	**風邪をひく** ◆ 我也感冒了 wǒ yě gǎnmào le (wó yé gǎn-) 私も風邪をひいた
415 ☐	**生病** shēng▾bìng ★★★★	**病気になる** ◆ 生病的时候 shēngbìng de shíhou 病気になった時

国名・地名　　　　　　　　　　　　　　　　　Column

中国	Zhōngguó	中国	法国	Fǎguó	フランス
日本	Rìběn	日本	俄罗斯	Éluósī	ロシア
韩国	Hánguó	韓国	北京	Běijīng	北京
美国	Měiguó	アメリカ	上海	Shànghǎi	上海
英国	Yīngguó	イギリス	东京	Dōngjīng	東京
德国	Déguó	ドイツ	大阪	Dàbǎn	大阪

セクション43

416 看见 kànjiàn ★★★★
见／見

見える
- 我看见他了
  wǒ kànjiàn tā le
  彼を見かけた

417 听见 tīngjiàn ★★★★
听／聽　见／見

聞こえる
- 你听见了吗？
  nǐ tīngjiàn le ma？
  聞こえましたか？

418 觉得 juéde ★★★★
觉／覺

感じる
- 你觉得怎么样？
  nǐ juéde zěnmeyàng？
  あなたはどう思う？

419 认识 rènshi ★★★★
认／認　识／識

見知っている
- 你认识他吗？
  nǐ rènshi tā ma？
  あなたは彼を見知っていますか？

420 明白 míngbai ★★★★

わかる
- 不太明白
  bú tài míngbai
  あまりよくわからない

421
知道
zhīdao
★★★★

知る
◆ 知道了
zhīdao le
わかりました

422
放心
fàng▼xīn
★★★★

安心する
◆ 你放心吧
nǐ fàngxīn ba
安心してね

423
满意
mǎnyì
★★★★
满／滿

満足する
◆ 很满意
hěn mǎnyì
とても満足だ

セクション44

424
喜欢
xǐhuan
★★★★
欢／歡

好む
◆ 你喜欢吃面包吗？
nǐ xǐhuan chī miànbāo ma？
パンは好きですか？

425
生气
shēng▼qì
★★★★
气／気

怒る
◆ 你别生气
nǐ bié shēngqì
怒らないでね

426 着急
zháo ▾ jí
★★★★
着／着

あせる
◆ 不要着急
búyào zháojí
あせらないで

427 小心
xiǎoxīn
★★★★

気をつける
◆ 小心一点儿
xiǎoxīn yìdiǎnr
ちょっと気をつけて

428 注意
zhùyì
★★★★

注意する
◆ 注意身体健康
zhùyì shēntǐ jiànkāng
健康に気をつける

429 听说
tīngshuō
★★★★
听／聽　说／説

聞くところでは
◆ 听说今天下雪
tīngshuō jīntiān xiàxuě
今日雪が降るそうだ

430 告诉
gàosu
★★★★
诉／訴

伝える
◆ 我已经告诉他那件事了
wǒ yǐjīng gàosu tā nà jiàn shì le
私はもう彼にそのことを伝えた

431 说话
shuō▾huà
★★★★
说／説　话／話

話す
◆ 不要说话
búyào shuōhuà
話をしないでください

セクション45

CD 45

432 说明
shuōmíng
★★★★
说／説

説明する
◆ 请说明一下
qǐng shuōmíng yíxià
ちょっと説明してください

433 商量
shāngliang
★★★★

相談する
◆ 跟他商量
gēn tā shāngliang
彼と相談する

434 回信
huí▾xìn
★★★★

返信する
◆ 已经回信了
yǐjīng huíxìn le
もう返事を出した

435 见面
jiàn▾miàn
★★★★
见／見

会う
◆ 我们在车站见面吧
wǒmen zài chēzhàn jiànmiàn ba
私たちは駅で会いましょう
＝见 jiàn

106

436 介绍
jièshào
★★☆☆
绍／紹

紹介する
◆ 请你介绍一下
   qǐng nǐ jièshào yíxià
   ちょっと紹介してください

437 欢迎
huānyíng
★★★★
欢／歡

歓迎する
◆ 欢迎,欢迎！
   huānyíng, huānyíng！
   いらっしゃいませ

438 感谢
gǎnxiè
★☆☆☆
谢／謝

感謝する
◆ 太感谢你了
   tài gǎnxiè nǐ le
   本当にありがとう

439 结婚
jié˅hūn
★☆☆☆
结／結

結婚する
◆ 跟他结婚
   gēn tā jiéhūn
   彼と結婚する

指示代名詞

Column

这	这个	这些	这里/这儿	这么	这样
zhè	zhège	zhèxiē	zhèli/zhèr	zhème	zhèyàng
これ	これ この	これら	ここ	このように	このような このように
那	**那个**	**那些**	**那里/那儿**	**那么**	**那样**
nà	nàge	nàxiē	nàli/nàr	nàme	nàyàng
それ あれ	それ あれ	それら あれら	そこ あそこ	そのように あのように	そのような あのような
哪	**哪个**	**哪些**	**哪里/哪儿**	**怎么**	**怎么样/怎样**
nǎ	nǎge	nǎxiē	nǎli（náliと発音）/ nǎr	zěnme	zěnmeyàng/zěnyàng
どの	どれ どの	どれ（複数）	どこ	どのように	どのように

＊"**个**"は他の量詞と置き換え可能

怎么办	为什么	什么地方	什么时候
zěnme bàn	wèi shénme	shénme dìfang	shénme shíhou
どうするか	なぜ	どこ	いつ

CROWN

Vocabulary Builder Chinese 600

量詞

セクション46

440 杯 bēi ★★★

~杯
- 一杯茶
  yì bēi chá
  1杯のお茶

441 碗 wǎn ★★★

~杯、~碗
- 一碗饭
  yì wǎn fàn
  1杯のご飯

442 瓶 píng ★★★

~本（瓶詰のもの）
- 一瓶酒
  yì píng jiǔ
  1瓶の酒

443 支 zhī ★★★

~本（ペン、タバコ、隊列など）
- 一支铅笔
  yì zhī qiānbǐ
  1本の鉛筆

444 条 tiáo ★★★

細長いものを数える
- 一条河　yì tiáo hé
  1本の川
- 一条裙子　yì tiáo qúnzi
  1着のスカート
- 一条狗　yì tiáo gǒu
  1匹の犬

445 □	片 piàn ★★★★	～枚(パンや木の葉など) ◆ 一片面包 　yí piàn miànbāo 　1枚のパン
446 □	双 shuāng ★★★★	一対のものを数える ◆ 一双鞋 　yì shuāng xié 　1足の靴

セクション47

447 □	本 běn ★★★★	～冊 ◆ 一本书 　yì běn shū 　1冊の本
448 □	封 fēng ★★★★	～通 ◆ 一封信 　yì fēng xìn 　1通の手紙
449 □	张 zhāng ★★★★ 张／張	一定の表面を持つものを数える ◆ 一张桌子　yì zhāng zhuōzi 　1台のテーブル ◆ 一张照片　yì zhāng zhàopiàn 　1枚の写真

450 把
bǎ
★★★☆

持つところのあるものを数える
- 一把椅子　yì bǎ yǐzi
  1脚の椅子
- 三把伞　sān bǎ sǎn
  3本の傘

451 个
ge
★★★★
个／個

~個
- 一个人　yí ge rén
  1人
- 两个月　liǎng ge yuè
  2か月

452 件
jiàn
★★★★

衣服や事柄を数える
- 一件衣服　yí jiàn yīfu
  1着の服
- 一件事　yí jiàn shì
  1つのできごと

453 节
jié
★★☆☆
节／節

~コマ(授業など)
- 一节课
  yì jié kè
  1コマの授業

454 辆
liàng
★☆☆☆
辆／輛

~台(車など)
- 一辆汽车
  yí liàng qìchē
  1台の車

セクション48

455 口 kǒu ★★★☆

家族、井戸、豚などを数える
◆ 你家有几口人？
nǐ jiā yǒu jǐ kǒu rén？
(yǒu jǐ kǒu)
あなたの家は何人家族ですか？

456 位 wèi ★★★☆

〜名様
◆ 一位客人
yí wèi kèren
1人のお客様

457 只 zhī ★★☆☆
只／隻

動物、舟などを数える
◆ 一只猫
yì zhī māo
1匹の猫

458 头 tóu ★☆☆☆
头／頭

〜頭（牛やロバなど）
◆ 一头牛
yì tóu niú
1頭の牛

459 楼 lóu ★☆☆☆

〜階
◆ 二楼
èr lóu
2階

113

460 □	**家** jiā ★★★★	**店、会社、家族などを数える** ◆ 一家公司　yì jiā gōngsī 　１つの会社 ◆ 一家人　yì jiā rén 　家族みんな ⇨ 名 家 jiā（家）
461 □	**所** suǒ ★★★★ 所／所	**家屋、病院、学校などを数える** ◆ 一所大学 　yì suǒ dàxué 　１つの大学

セクション49

462 □	**次** cì ★★★★	**〜回** ◆ 去过两次中国 　qùguo liǎng cì Zhōngguó 　中国に２度行ったことがある
463 □	**遍** biàn ★★★★ 遍／遍	**〜回（過程として）** ◆ 请再说一遍 　qǐng zài shuō yí biàn 　もう一度言ってください
464 □	**岁** suì ★★★★ 岁／歳	**〜歳** ◆ 几岁了？ 　jǐ suì le？ 　（10歳までを予想して）いくつ？

465 □	**种** zhǒng ★★★★ 种／種	**同じ種類のものを数える** ◆ 这种书 zhè zhǒng shū このような本
466 □	**一点儿** yìdiǎnr ★★★★ 儿／児	**少し(量)** ◆ 吃了一点儿 chī le yìdiǎnr ちょっと食べた
467 □	**一会儿** yíhuìr(yìhuǐr) ★★★★ 儿／児	**少し(時間)** ◆ 休息一会儿吧 xiūxi yíhuìr ba 少し休もう
468 □	**一下** yíxià ★★★★	**少し(動作)** ◆ 请等一下 qǐng děng yíxià 少し待ってください

115

場所を表す言葉

1

上边	下边	前边	后边	里边	外边
shàngbian	xiàbian	qiánbian	hòubian	lǐbian	wàibian
上	下	前	後ろ	中	外

左边	右边	东边	南边	西边	北边
zuǒbian	yòubian	dōngbian	nánbian	xībian	běibian
左	右	東	南	西	北

＊…**边儿** bianr　も可（例：**上边儿**）
＊…**面** miàn　も可（例：**上面**）
＊**上边　里边**　は名詞のあとでは　…**上** shang　**里** li　といってもよい
　（例：**桌子上** zhuōzi shang　机の上、**屋子里** wūzi li　部屋の中）

2

旁边	对面	中间	附近
pángbiān	duìmiàn	zhōngjiān	fùjìn
側	向かい	間	近く

CROWN

Vocabulary Builder Chinese 600

形容詞

セクション50

469 大 dà ★★★★
大きい
- 这件衣服有点儿大
  zhè jiàn yīfu yǒudiǎnr dà
  この服は少し大きい

470 小 xiǎo ★★★★
小さい
- 这双鞋有点儿小
  zhè shuāng xié yǒudiǎnr xiǎo
  (yǒudiǎnr xiǎo)
  この靴は少し小さい
- 小李 Xiǎo Lǐ（李くん：'小'は一字の姓の前に付けて親しみを表す）

471 多 duō ★★★★
多い
- 他家有很多书
  tā jiā yǒu hěn duō shū
  彼の家にはたくさん本がある

472 少 shǎo ★★★★
少ない
- 人很少
  rén hěn shǎo
  人が少ない

473 长 cháng ★★★★
長い
- 他的衬衫有点儿长
  tā de chènshān yǒudiǎnr cháng

长／長　　　　　　　彼のワイシャツはちょっと長い

474 短 duǎn ★★★★

短い
- 她的头发很短
  tā de tóufa hěn duǎn
  彼女の髪は短い

475 高 gāo ★★★★

高い
- 他个子比我高
  tā gèzi bǐ wǒ gāo
  彼は背が私より高い

476 低 dī ★★★★
低／低

低い
- 这张桌子太低了
  zhè zhāng zhuōzi tài dī le
  このテーブルは低すぎる

477 矮 ǎi ★★★★

（背丈などが）低い
- 弟弟比哥哥矮一点儿
  dìdi bǐ gēge ǎi yìdiǎnr
  弟は兄より少し背が低い

478 深 shēn ★★★★

深い
- 有多深？
  yǒu duō shēn？
  どれくらいの深さですか？

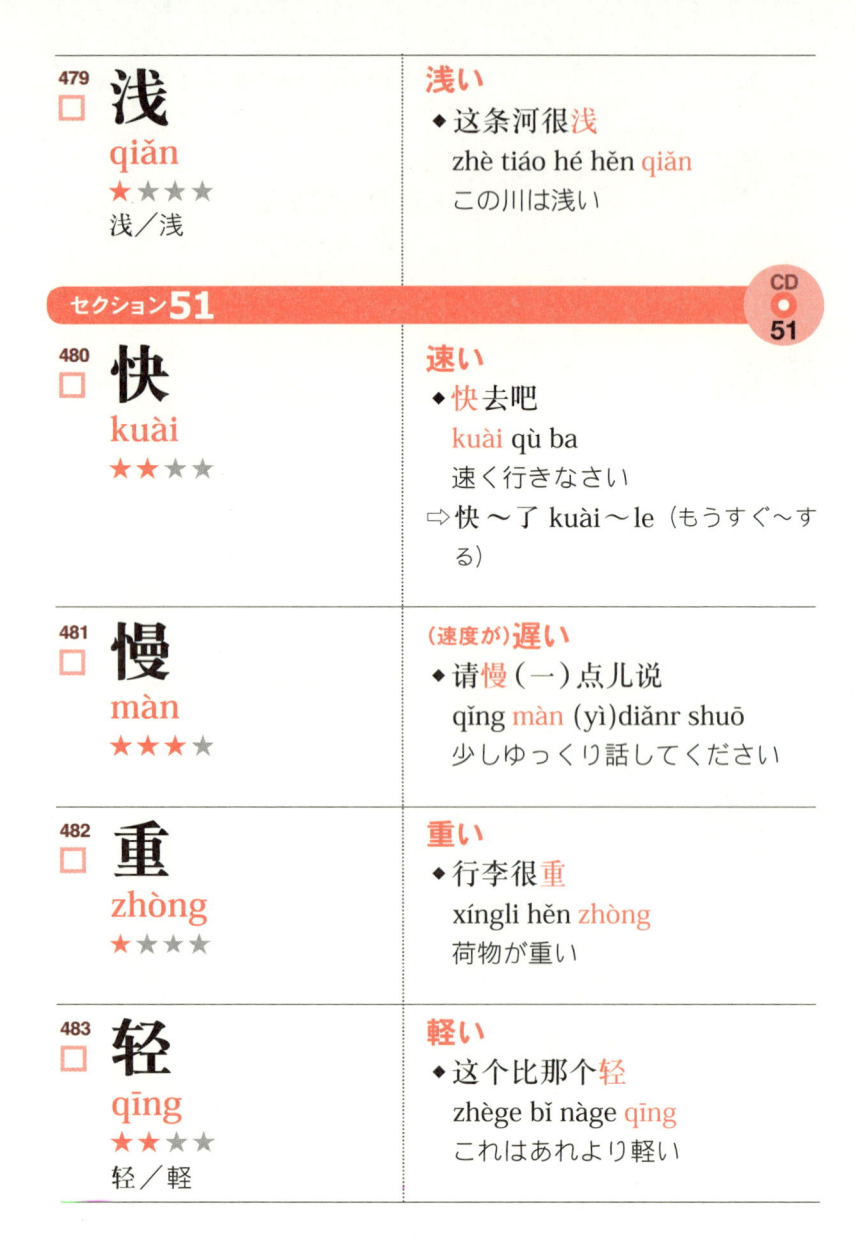

479 □	**浅** qiǎn ★★★★ 浅／浅	浅い ◆ 这条河很浅 zhè tiáo hé hěn qiǎn この川は浅い

セクション51

CD 51

480 □	**快** kuài ★★★★	速い ◆ 快去吧 kuài qù ba 速く行きなさい ⇨ 快～了 kuài～le（もうすぐ～する）
481 □	**慢** màn ★★★★	（速度が）遅い ◆ 请慢（一）点儿说 qǐng màn (yì)diǎnr shuō 少しゆっくり話してください
482 □	**重** zhòng ★★★★	重い ◆ 行李很重 xíngli hěn zhòng 荷物が重い
483 □	**轻** qīng ★★★★ 轻／輕	軽い ◆ 这个比那个轻 zhège bǐ nàge qīng これはあれより軽い

484 远 yuǎn
★★★☆
远／遠

遠い
- 美国很远
  Měiguó hěn yuǎn
  アメリカは遠い

485 近 jìn
★★★☆

近い
- 车站离家很近
  chēzhàn lí jiā hěn jìn
  駅は家から近い

486 早 zǎo
★★★★

(時間的に)早い
- 早点儿起床
  zǎo diǎnr qǐchuáng
  (zǎo diánr qǐ-)
  早めに起きる

487 晚 wǎn
★★★★
晚／晚

(時間的に)遅い
- 今天回家太晚了
  jīntiān huíjiā tài wǎn le
  今日は帰宅が遅くなった

488 新 xīn
★★★★

新しい
- 新的衣服
  xīn de yīfu
  新しい服

121

489 旧
jiù
★★★☆

古い
- 已经旧了
  yǐjīng jiù le
  もう古くなった

セクション52

490 好
hǎo
★★★★

良い
- 你身体好吗？
  nǐ shēntǐ hǎo ma？
  お元気ですか？

491 坏
huài
★★★☆
坏／壞

悪い
- 很坏的人
  hěn huài de rén
  とても悪い人

492 对
duì
★★☆☆
对／對

正しい
- 这样做不对
  zhèyàng zuò bú duì
  このようにするのは良くない

493 错
cuò
★★★☆
错／錯

間違った
- 我错了
  wǒ cuò le
  私の間違いです

494 男
nán
★★★★

男(の)
- 男的多
  nán de duō
  男性が多い

495 女
nǚ
★★★★

女(の)
- 女的少
  nǚ de shǎo
  女性が少ない

496 胖
pàng
★★★★

太った
- 他又胖了
  tā yòu pàng le
  彼はまた太った

497 瘦
shòu
★★★★

やせた
- 他很瘦
  tā hěn shòu
  彼はやせている

498 老
lǎo
★★★★

年老いた
- 我家的狗老了
  wǒ jiā de gǒu lǎo le
  うちの犬は年取った

| 499 **年轻** niánqīng ★☆☆☆ 轻／輕 | 若い
◆ 年轻的老师
　niánqīng de lǎoshī
　若い先生 |

セクション53　CD 53

500 **热** rè ★★★☆ 热／熱	暑い、熱い ◆ 夏天很热　xiàtiān hěn rè 　夏は暑い ◆ 酒热了　jiǔ rè le 　酒が温まった
501 **冷** lěng ★★★☆	寒い ◆ 今天很冷 　jīntiān hěn lěng 　今日は寒い
502 **暖和** nuǎnhuo ★★☆☆	暖かい ◆ 这几天很暖和 　zhè jǐ tiān hěn nuǎnhuo 　この何日かは暖かい
503 **凉快** liángkuai ★☆☆☆	涼しい ◆ 现在凉快了 　xiànzài liángkuai le 　今は涼しくなった

504 贵 guì
★★★☆
贵／貴

(値段が)高い
- 这件衣服太贵了
  zhè jiàn yīfu tài guì le
  この服は高すぎる

505 便宜 piányi
★★★☆

安い
- 再便宜一点儿
  zài piányi yìdiǎnr
  もう少し安くして

506 难 nán
★★★☆
难／難

難しい
- 发音很难
  fāyīn hěn nán
  発音が難しい

507 容易 róngyì
★★★☆

容易だ
- 日语不容易
  Rìyǔ bù róngyì
  日本語は簡単ではない

508 简单 jiǎndān
★★★☆
简／簡　单／單

簡単だ
- 这个问题不简单
  zhège wèntí bù jiǎndān
  この問題は簡単ではない

509 困难 kùnnan
★★★☆
难/難

困難だ
◆ 生活困难
shēnghuó kùnnan
生活が苦しい

セクション54

510 好看 hǎokàn
★★★☆

きれいだ
◆ 这张画儿真好看
zhè zhāng huàr zhēn hǎokàn
この絵は本当にきれいだ

511 漂亮 piàoliang
★★☆☆
亮/亮

きれいだ
◆ 漂亮的房子
piàoliang de fángzi
きれいな部屋

512 干净 gānjìng
★★☆☆
干/乾　净/淨

清潔だ
◆ 干净的教室
gānjìng de jiàoshì
清潔な教室

513 清楚 qīngchu
★★★☆

はっきりした
◆ 谁也不清楚
shéi yě bù qīngchu
誰にもわからない

514 不错 búcuò ★★★★
错／錯

悪くない、すばらしい
- 这件衣服很不错
  zhè jiàn yīfu hěn búcuò
  この服はすばらしい

515 行 xíng ★★★★

良い、大丈夫だ
- 这样不行
  zhèyàng bù xíng
  このようではだめだ

516 复杂 fùzá ★★★★
复／複　杂／雜

複雑だ
- 复杂的问题
  fùzá de wèntí
  複雑な問題

517 方便 fāngbiàn ★★★★

便利だ
- 买东西很方便
  mǎi dōngxi hěn fāngbiàn
  買物が便利だ

518 热闹 rènao ★★★★
热／熱　闹／鬧

にぎやかだ
- 商店真热闹
  shāngdiàn zhēn rènao
  お店は本当ににぎやかだ

519 一样
yíyàng
★★★★
样／樣

同じ
- 我跟他一样
  wǒ gēn tā yíyàng
  私は彼と同じだ

520 差不多
chàbuduō
★★★★
差／差

大体同じだ
- 这个和那个差不多
  zhège hé nàge chàbuduō
  これとあれは大体同じだ

521 有名
yǒumíng
★★★★

有名だ
- 有名的公司
  yǒumíng de gōngsī
  有名な会社

522 重要
zhòngyào
★★★★

重要だ
- 重要的事
  zhòngyào de shì
  重要な事

セクション55

523 好吃
hǎochī
★★★★
吃／喫

（食べて）おいしい
- 饺子很好吃
  jiǎozi hěn hǎochī
  ギョーザがおいしい

524 ☐	**好喝** hǎohē ★★☆☆	**(飲んで)おいしい** ◆ 绿茶很好喝 lǜchá hěn hǎohē 緑茶がおいしい
525 ☐	**饱** bǎo ★☆☆☆ 饱／飽	**お腹が一杯だ** ◆ 我已经饱了 wǒ yǐjīng bǎo le もうお腹が一杯だ
526 ☐	**渴** kě ★☆☆☆	**のどが渇いた** ◆ 我渴了 wǒ kě le のどが渇いた
527 ☐	**淡** dàn ★☆☆☆	**(味が)薄い** ◆ 味道太淡了 wèidao tài dàn le 味が薄すぎる
528 ☐	**甜** tián ★★☆☆	**甘い** ◆ 这个苹果很甜 zhège píngguǒ hěn tián このリンゴはとても甘い

529 □ **咸** xián ★★★ 咸／鹹	**塩からい** ◆ 有点儿咸 yǒudiǎnr xián 少し塩からい
530 □ **酸** suān ★★★	**すっぱい** ◆ 酸的东西 suān de dōngxi すっぱいもの
531 □ **苦** kǔ ★★★	**にがい** ◆ 药太苦了 yào tài kǔ le 薬がとてもにがい
532 □ **辣** là ★★★	**辛い** ◆ 我能吃辣的 wǒ néng chī là de 私は辛いものを食べられる

セクション56 　CD 56

533 □ **聪明** cōngming ★★★ 聪／聡	**賢い** ◆ 他很聪明 tā hěn cōngming 彼は賢い

534 可爱
kě'ài
★★★★
爱／愛

かわいい
- 可爱的猫
  kě'ài de māo
  かわいい猫

535 客气
kèqi
★★★★
气／気

遠慮がちだ
- 不客气　bú kèqi
  どういたしまして、
  どうぞおかまいなく

536 努力
nǔlì
★★★★

一生懸命だ
- 他学习很努力
  tā xuéxí hěn nǔlì
  彼は一生懸命勉強する

537 热情
rèqíng
★★★★
热／熱

熱心だ
- 热情的服务员
  rèqíng de fúwùyuán
  熱心な店員

538 认真
rènzhēn
★★★★
认／認　真／真

まじめだ
- 他工作很认真
  tā gōngzuò hěn rènzhēn
  彼はとてもまじめに仕事をする

131

539 麻烦 máfan ★★★★
烦／煩

面倒だ、迷惑をかける
- 真麻烦　zhēn máfan
  本当に面倒くさい
- 麻烦你　máfan nǐ
  ご迷惑ですが（…してください）

540 舒服 shūfu ★★★★

気持ちが良い
- 我觉得不舒服
  wǒ juéde bù shūfu
  気分が悪い

541 幸福 xìngfú ★★★★

幸せだ
- 幸福的人
  xìngfú de rén
  幸せな人

セクション**57**

542 高兴 gāoxìng ★★★★
兴／興

嬉しい
- 我也很高兴
  wǒ yě hěn gāoxìng
  (wó yé hěn)
  私もとても嬉しい

543 愉快 yúkuài ★★★★

愉快だ
- 愉快的星期天
  yúkuài de xīngqītiān
  楽しい日曜日

544 有意思
yǒu yìsi
★★★☆

面白い
- 这本书有意思
  zhè běn shū yǒu yìsi
  この本は面白い

545 忙
máng
★★★☆

忙しい
- 他工作很忙
  tā gōngzuò hěn máng
  彼は仕事が忙しい

546 紧张
jǐnzhāng
★☆☆☆
紧／緊　张／張

緊張した
- 我很紧张
  wǒ hěn jǐnzhāng
  (wó hén jǐn-)
  私はとても緊張している

547 饿
è
★★★★
饿／餓

お腹がすいた
- 我饿了
  wǒ è le
  お腹がすいた

548 累
lèi
★★★☆

疲れた
- 你累了吧
  nǐ lèi le ba
  疲れたでしょう

549 ☐	疼 téng ★★★★	痛い ◆ 肚子疼 dùzi téng お腹が痛い
550 ☐	困 kùn ★★★★	眠い ◆ 我困了 wǒ kùn le 眠くなった
551 ☐	健康 jiànkāng ★★★★	健康だ ◆ 身体健康 shēntǐ jiànkāng 健康だ

助詞

Column

1 完了などを表す

了 le	着 zhe	过 guo
完了 〜した、〜したら	持続 〜している	経験 〜したことがある
看了 kàn le 見た	**看着** kànzhe 見ている	**看过** kànguo 見たことがある

2 フレーズを作る

的 de（〜の）	地 de	得 de
高兴的事 gāoxìng de shì 楽しい事	**高兴地说** gāoxìngde shuō 楽しそうに言う	**玩儿得很高兴** wánrde hěn gāoxìng 遊び方が楽しい（楽しく遊ぶ）

3 語気を強める

吗 ma	啊 a	吧 ba	呢 ne
疑問	親しげな／ ぞんざいな	推測／勧誘	疑問／ 柔和
你也吃吗？ Nǐ yě chī ma？ あなたも食べますか？	**你还没去啊？** Nǐ hái méi qù a？ まだ行かないの？	**快吃吧** Kuài chī ba 早くお食べなさい	**你呢？** Nǐ ne？ 君は？

135

色 Column

白	bái	白	蓝	lán	青
黑	hēi	黒	绿	lǜ	緑
红	hóng	赤	青	qīng	青、緑、黒 (主に書き言葉で)
黄	huáng	黄	紫	zǐ	紫

CROWN

Vocabulary Builder Chinese 600

副詞・その他

セクション58

552 都 dōu ★★★★
すべて
◆ 我们都是学生
wǒmen dōu shì xuésheng
私たちはみんな学生だ

553 也 yě ★★★★
～も
◆ 他也不是留学生
tā yě bú shì liúxuéshēng
彼も留学生ではない

554 一起 yìqǐ ★★★☆
一緒に
◆ 我跟他一起去看电影
wǒ gēn tā yìqǐ qù kàn diànyǐng
彼と一緒に映画を見に行く

555 一共 yígòng ★★☆☆
全部で
◆ 一共有多少人？
yígòng yǒu duōshao rén？
全部で何人いますか？

556 只 zhǐ ★★☆☆
～だけ
◆ 我只吃了一碗饭
wǒ zhǐ chī le yì wǎn fàn
私は1杯だけご飯を食べた

557	**有点儿** yǒudiǎnr ★★★★ 儿／児	少し（多く悪いことについて） ◆肚子有点儿疼 dùzi yǒudiǎnr téng お腹が少し痛い
558	**更** gèng ★★★★	更に ◆明天更冷 míngtiān gèng lěng 明日はもっと寒くなる
559	**非常** fēicháng ★★★★ 非／非	非常に ◆她们非常漂亮 tāmen fēicháng piàoliang 彼女たちはとてもきれいだ

セクション59

560	**好好儿** hǎohāor ★★★★ 儿／児	良く ◆你应该好好儿休息 nǐ yīnggāi hǎohāor xiūxi あなたは良く休むべきだ
561	**最** zuì ★★★★	最も ◆这个最好 zhège zuì hǎo これが一番良い

562 ☐	真 zhēn ★★★☆ 真／真	本当に ◆ 真高兴 　zhēn gāoxìng 　本当に嬉しい
563 ☐	一定 yídìng ★☆☆☆	きっと ◆ 我一定努力学中文 　wǒ yídìng nǔlì xué Zhōngwén 　きっと頑張って中国語を勉強します
564 ☐	可能 kěnéng ★☆☆☆	たぶん ◆ 他可能在公司呢 　tā kěnéng zài gōngsī ne 　彼はたぶん会社にいる
565 ☐	大概 dàgài ★☆☆☆	たぶん、大体 ◆ 他大概不来吧 　tā dàgài bù lái ba 　彼はたぶん来ないだろう
566 ☐	很 hěn ★★★★	とても ◆ 很大的房子 　hěn dà de fángzi 　とても大きな家

567 □	**太** tài ★★★☆	**とても、あまりに** ◆ 太好了 tài hǎo le とても良い
568 □	**不太** bú tài ★★★★	**あまり〜でない** ◆ 不太远 bú tài yuǎn あまり遠くない

セクション60

569 □	**不** bù ★★★★	**〜でない、〜しない** ◆ 不冷不热 bù lěng bú rè 寒くも暑くもない
570 □	**不用** búyòng ★★★★	**〜するにはおよばない** ◆ 不用商量 búyòng shāngliang 相談する必要はない
571 □	**不要** búyào ★★★★	**〜するな** ◆ 不要说话 búyào shuōhuà 話をするな

572 □	**别** bié ★★★★ 别／别	~するな ◆ 别客气 bié kèqi ご遠慮なく
573 □	**没有、没** méiyou、méi ★★★★ 没／没	ない、~しなかった ◆ 没有钱　méiyou qián お金がない ◆ 我还没有吃早饭呢 wǒ hái méiyou chī zǎofàn ne まだ朝食を食べていません
574 □	**好像** hǎoxiàng ★★★★ 像／像	~のようだ ◆ 好像是他的书 hǎoxiàng shì tā de shū 彼の本のようだ
575 □	**特别** tèbié ★★★★ 别／别	特に ◆ 今年夏天特别热 jīnnián xiàtiān tèbié rè 今年の夏は特に暑い

セクション61

| 576 □ | **当然** dāngrán | もちろん
◆ 我当然要帮你
wǒ dāngrán yào bāng nǐ |

★★★★ もちろんお手伝いします

577 还是
háishi
★★★★
还／還

やはり
- 他还是去英国了
tā háishi qù Yīngguó le
彼はやはりイギリスへ行った

578 再
zài
★★★★

もう一度、また
- 请再说一遍
qǐng zài shuō yí biàn
もう一度話してください

579 又
yòu
★★★★

また（多く過去のことについて）
- 他又去中国了
tā yòu qù Zhōngguó le
彼はまた中国に行った

580 还
hái
★★★★
还／還

なお、更に
- 还有吗？
hái yǒu ma？
もっとありますか？

581 马上
mǎshàng
★★★★
马／馬

すぐに
- 马上去医院吧
mǎshàng qù yīyuàn ba
すぐ病院に行きなさい

143

582 就 jiù
★★★☆

すぐに、すなわち
◆ 他早上六点就起床了
tā zǎoshang liù diǎn jiù qǐchuáng le
彼は朝6時にはもう起きた

セクション62

583 先 xiān
★★★☆

先に
◆ 你先告诉我
nǐ xiān gàosu wǒ
まず先に私に言ってください

584 已经 yǐjīng
★☆☆☆
经／経

もう、すでに
◆ 已经是春天了
yǐjīng shì chūntiān le
もう春だ

585 才 cái
★☆☆☆
才／才

やっと
◆ 他十点才开始工作
tā shí diǎn cái kāishǐ gōngzuò
彼は10時にようやく仕事を始めた

586 刚 gāng
★☆☆☆
刚／剛

〜したばかりだ
◆ 我刚写完课文
wǒ gāng xiěwán kèwén
私は本文を書き終えたばかりだ

587 **在** zài ★★★	～している ◆ 他在洗澡呢　tā zài xǐzǎo ne 彼は入浴中です ⇨ 動在 zài（～にある、いる）、 　前在 zài（～で）
588 **正在** zhèngzài ★★★	ちょうど～しているところだ ◆ 哥哥正在上网呢 gēge zhèngzài shàngwǎng ne 兄はちょうどインターネットをしているところです
589 **一直** yìzhí ★★★★ 直／直	ずっと ◆ 他一直学汉语 tā yìzhí xué Hànyǔ 彼はずっと中国語を勉強している
590 **常常** chángcháng ★★★	よく、しばしば ◆ 我常常和妹妹看电视 wǒ chángcháng hé mèimei kàn diànshì 私はよく妹とテレビを見る

セクション63

591 **多少** duōshao ★★★★	疑 どれほど ◆ 多少钱？ duōshao qián？ いくらですか？

592 几 jǐ
★★★★
几／幾

疑 いくつ（10までの数）
- 几年级？
  jǐ niánjí？
  何年生ですか？

593 什么 shénme
★★★★
什／甚　么／麼

疑 なに
- 你叫什么名字？
  nǐ jiào shénme míngzi？
  名前はなんですか？

594 怎么 zěnme
★★★★
么／麼

疑 どのように
- 怎么办？
  zěnme bàn？
  どうしますか？

595 谁 shéi
★★★☆
谁／誰

疑 誰
- 这是谁的词典？
  zhè shì shéi de cídiǎn？
  これは誰の辞書ですか？

596 和 hé
★★★☆

接 〜と
- 我和你
  wǒ hé nǐ
  私とあなた

597 在 zài ★★★☆

前 〜で
- 在北京学习
  zài Běijīng xuéxí
  北京で勉強する
⇨ 動在 zài（〜にある、いる）、
  副在 zài（〜している）

セクション64

598 要 yào ★★☆☆

助動 〜したい、
　　　〜する必要がある
- 她要买手机
  tā yào mǎi shǒujī
  彼女は携帯電話を買いたがっている
⇨ 動要 yào（欲しい、要する）

599 想 xiǎng ★★★☆

助動 〜したい
- 我不想看电影
  wǒ bù xiǎng kàn diànyǐng
  映画は見たくない
⇨ 動想 xiǎng（思う）

600 愿意 yuànyì ★☆☆☆
愿／願

助動 〜したいと望む
- 我愿意跟你商量
  wǒ yuànyì gēn nǐ shāngliang
  あなたと相談したい

601 ☐	**打算** dǎsuàn ★☆☆☆	助動 **〜するつもりだ** ◆ 我打算去美国旅游 wǒ dǎsuàn qù Měiguó lǚyóu 私はアメリカ旅行に行くつもりだ
602 ☐	**应该** yīnggāi ★☆☆☆ 应／応　该／該	助動 **〜すべきだ**(道理) ◆ 你们应该一起努力 nǐmen yīnggāi yìqǐ nǔlì あなたたちは一緒に努力すべきだ
603 ☐	**能** néng ★★☆☆	助動 **できる**(能力、条件) ◆ 他能明白 tā néng míngbai 彼なら理解できる
604 ☐	**可以** kěyǐ ★★★☆ 以／以	助動 **できる**(許可、条件) ◆ 你可以先走 nǐ kěyǐ xiān zǒu 先に行ってもいいよ
605 ☐	**会** huì ★★★☆	助動 **できる**(習得)、**〜するはずだ** ◆ 你会说汉语吗？ nǐ huì shuō Hànyǔ ma？ あなたは中国語を話せますか？ ◆ 他今天不会来 tā jīntiān bú huì lái 彼は今日きっと来ないでしょう

接続詞

可是 / 但是 / 不过	而且	还是
kěshì / dànshì / búguò	érqiě	háishi
しかし	その上	それとも

如果	因为～所以…
rúguǒ	yīnwei～ suǒyǐ…
もし	～なので…だ

前置詞

共同	対象	対象（利益）	受身
～と	～に	～に	～により
跟 gēn	**对** duì	**给** gěi	**被** bèi

距離	起点	着点	比較	利益
～から ～まで	～から	～まで	～より	～のため
离 lí	**从** cóng	**到** dào	**比** bǐ	**为** wèi

助動詞

敢 gǎn	**得** děi	**该** gāi	**准备** zhǔnbèi
思い切って ～する	～する必要がある	（道理として）～すべきだ	～するつもりだ

あいさつ・受け答え表現　　　良く使われる表現を集めました。

初次见面	Chūcì jiànmiàn	はじめまして
欢迎，欢迎！	Huānyíng, huānyíng!	ようこそ！
好久不见了	Hǎojiǔ bújiàn le	お久しぶりです
你身体好吗？	Nǐ shēntǐ hǎo ma？	お元気ですか？
早上好	Zǎoshang hǎo	おはようございます
你好	Nǐhǎo	こんにちは
晚上好	Wǎnshang hǎo	こんばんは
再见	Zàijiàn	さようなら
回来了	Huílai le	お帰りなさい／ただいま
我走了	Wǒ zǒu le	失礼します／行ってまいります
回头见	Huítóu jiàn	後ほど会いましょう
明天见	Míngtiān jiàn	明日会いましょう
请慢走	Qǐng màn zǒu	お気を付けて
一路平安	Yílù píng'ān	道中ご無事で
谢谢	Xièxie	ありがとうございます
不好意思	Bùhǎo yìsi	恐れ入ります
不客气	Bú kèqi	どういたしまして
别客气	Bié kèqi	どういたしまして／ご遠慮なく
不谢	Bú xiè	どういたしまして
不用谢	Búyòng xiè	どういたしまして
哪里，哪里	Nǎli, nǎli（Náli, náliと発音）	どういたしまして／とんでもない
没关系	Méi guānxi	どういたしまして／大丈夫です
不要紧	Bú yàojǐn	大丈夫です
对不起	Duìbuqǐ	ごめんなさい／すみません
劳驾	Láojià	恐れ入りますが／すみません
麻烦你	Máfan nǐ	ご迷惑をおかけします／お手数をかけます
多少钱？	Duōshǎo qián？	いくらですか？

请等一下	Qǐng děng yíxià	少しお待ち下さい
等一等	Děng yi děng	ちょっと待って下さい
让你久等了	Ràng nǐ jiǔ děng le (nǐ jiǔ děng)	お待たせしました
请进	Qǐng jìn	お入り下さい
请坐	Qǐng zuò	お掛け下さい
请喝茶	Qǐng hē chá	お茶をどうぞ
请问	Qǐng wèn	おたずねします
您贵姓？	Nín guì xìng？	名字は何とおっしゃいますか？
你叫什么名字？	Nǐ jiào shénme míngzi？	お名前は？
您多大岁数了？	Nín duōdà suìshu le？	おいくつになられましたか？
你今年多大？	Nǐ jīnnián duōdà？	今年おいくつですか？
几岁了？	Jǐ suì le？	（子供に）いくつ？
几年级？	Jǐ niánjí？	何年生ですか？
请慢点儿说	Qǐng màn diǎnr shuō	少しゆっくり話して下さい
请再说一遍	Qǐng zài shuō yíbiàn	もう一度言って下さい
怎么样？	Zěnme yàng？	どうですか？
怎么办？	Zěnme bàn？	どうしましょうか？
怎么走？	Zěnme zǒu？	どう行きますか？
为什么？	Wèi shénme？	なぜですか？
可以	Kěyǐ	よろしい／わかりました
太好了	Tài hǎo le	素晴らしい
真好	Zhēn hǎo	実にいい
很好吃	Hěn hǎochī	（食べ物が）おいしいです
不行	Bù xíng	だめです
请原谅	Qǐng yuánliàng	お許し下さい
好好儿休息	Hǎohāor xiūxi	ゆっくり休んで下さい
辛苦了	Xīnkǔ le	お疲れさまでした
祝贺你	Zhùhè nǐ	おめでとう
恭喜,恭喜	Gōngxǐ, gōngxi	おめでとう

見出し語索引

数字は見出し語の番号

A

- 矮 ǎi ····· 477
- 爱 ài ····· 321
- 爱好 àihào ····· 052
- 爱人 àiren ····· 016

B

- 把 bǎ ····· 450
- 爸爸 bàba ····· 008
- 白天 báitiān ····· 278
- 班 bān ····· 141
- 办 bàn ····· 317
- 办法 bànfǎ ····· 146
- 办公室 bàngōngshì ····· 216
- 帮 bāng ····· 344
- 棒球 bàngqiú ····· 130
- 傍晚 bàngwǎn ····· 280
- 包 bāo ····· 350
- 饱 bǎo ····· 525
- 报纸 bàozhǐ ····· 078
- 杯 bēi ····· 440
- 杯子 bēizi ····· 062
- 本 běn ····· 447
- 本子 běnzi ····· 076
- 鼻子 bízi ····· 036
- 变 biàn ····· 357
- 遍 biàn ····· 463
- 别 bié ····· 572
- 别的 biéde ····· 148

- 冰箱 bīngxiāng ····· 092
- 不 bù ····· 569
- 不错 búcuò ····· 514
- 不太 bú tài ····· 568
- 不要 búyào ····· 571
- 不用 búyòng ····· 570

C

- 才 cái ····· 585
- 菜 cài ····· 172
- 菜单 càidān ····· 173
- 参观 cānguān ····· 409
- 参加 cānjiā ····· 408
- 餐厅 cāntīng ····· 199
- 厕所 cèsuǒ ····· 226
- 茶 chá ····· 187
- 差不多 chàbuduō ····· 520
- 尝 cháng ····· 304
- 长 cháng ····· 473
- 常常 chángcháng ····· 590
- 唱 chàng ····· 352
- 超市 chāoshì ····· 205
- 炒饭 chǎofàn ····· 175
- 车站 chēzhàn ····· 227
- 衬衫 chènshān ····· 055
- 吃 chī ····· 302
- 迟到 chídào ····· 394
- 抽烟 chōuyān ····· 383
- 出 chū ····· 366
- 出发 chūfā ····· 407

- 出租汽车 chūzū qìchē ····· 232
- 穿 chuān ····· 306
- 船 chuán ····· 243
- 窗户 chuānghu ····· 089
- 床 chuáng ····· 088
- 春节 chūnjié ····· 262
- 春天 chūntiān ····· 255
- 词典 cídiǎn ····· 075
- 次 cì ····· 462
- 聪明 cōngming ····· 533
- 错 cuò ····· 493

D

- 打 dǎ ····· 351
- 打工 dǎgōng ····· 385
- 打算 dǎsuàn ····· 601
- 大 dà ····· 469
- 大概 dàgài ····· 565
- 大家 dàjiā ····· 001
- 大学 dàxué ····· 137
- 大学生 dàxuéshēng ····· 027
- 戴 dài ····· 307
- 带 dài ····· 308
- 大夫 dàifu ····· 034
- 淡 dàn ····· 527
- 当 dāng ····· 313
- 当然 dāngrán ····· 576
- 到 dào ····· 373
- 等 děng ····· 347

☐ 低 dī ····· 476	**F**	☐ 哥哥 gēge ····· 012
☐ 弟弟 dìdi ····· 014		☐ 个子 gèzi ····· 048
☐ 地方 dìfang ····· 240	☐ 发 fā ····· 339	☐ 个 ge ····· 451
☐ 地铁 dìtiě ····· 230	☐ 发音 fāyīn ····· 113	☐ 给 gěi ····· 343
☐ 地图 dìtú ····· 106	☐ 饭 fàn ····· 171	☐ 更 gèng ····· 558
☐ 点 diǎn ····· 305	☐ 饭店 fàndiàn ····· 201	☐ 公共汽车
☐ 点心 diǎnxin ····· 181	☐ 方便 fāngbiàn ····· 517	gōnggòng qìchē ····· 231
☐ 电车 diànchē ····· 229	☐ 房间 fángjiān ····· 223	☐ 公司 gōngsī ····· 215
☐ 电话 diànhuà ····· 095	☐ 房子 fángzi ····· 219	☐ 公园 gōngyuán ····· 210
☐ 电脑 diànnǎo ····· 096	☐ 放 fàng ····· 310	☐ 工作 gōngzuò ····· 391
☐ 电视 diànshì ····· 097	☐ 放心 fàngxīn ····· 422	☐ 狗 gǒu ····· 152
☐ 电梯 diàntī ····· 217	☐ 飞 fēi ····· 378	☐ 故事 gùshi ····· 120
☐ 电影 diànyǐng ····· 098	☐ 非常 fēicháng ····· 559	☐ 刮风 guāfēng ····· 413
☐ 电影院	☐ 飞机 fēijī ····· 242	☐ 关 guān ····· 333
diànyǐngyuàn ····· 214	☐ 封 fēng ····· 448	☐ 贵 guì ····· 504
☐ 电子邮件	☐ 服务员 fúwùyuán ····· 032	☐ 国家 guójiā ····· 118
diànzǐ yóujiàn ····· 084	☐ 付 fù ····· 361	☐ 过 guò ····· 372
☐ 冬天 dōngtiān ····· 258	☐ 父亲 fùqin ····· 010	
☐ 东西 dōngxi ····· 072	☐ 复习 fùxí ····· 398	**H**
☐ 懂 dǒng ····· 325	☐ 复杂 fùzá ····· 516	
☐ 动物园		☐ 还 hái ····· 580
dòngwùyuán ····· 209	**G**	☐ 还是 háishi ····· 577
☐ 都 dōu ····· 552		☐ 孩子 háizi ····· 019
☐ 肚子 dùzi ····· 046	☐ 干净 gānjìng ····· 512	☐ 海 hǎi ····· 244
☐ 短 duǎn ····· 474	☐ 感冒 gǎnmào ····· 414	☐ 寒假 hánjià ····· 260
☐ 对 duì ····· 492	☐ 感谢 gǎnxiè ····· 438	☐ 汉语 Hànyǔ ····· 108
☐ 多 duō ····· 471	☐ 干 gàn ····· 318	☐ 汉字 hànzì ····· 115
☐ 多少 duōshao ····· 591	☐ 刚 gāng ····· 586	☐ 好 hǎo ····· 490
	☐ 钢笔 gāngbǐ ····· 079	☐ 好吃 hǎochī ····· 523
E	☐ 刚才 gāngcái ····· 287	☐ 好好儿 hǎohāor ····· 560
	☐ 钢琴 gāngqín ····· 127	☐ 好喝 hǎohē ····· 524
☐ 饿 è ····· 547	☐ 高 gāo ····· 475	☐ 好看 hǎokàn ····· 510
☐ 儿子 érzi ····· 020	☐ 高兴 gāoxìng ····· 542	☐ 好像 hǎoxiàng ····· 574
☐ 耳朵 ěrduo ····· 038	☐ 告诉 gàosu ····· 430	☐ 号码 hàomǎ ····· 145
	☐ 歌 gē ····· 128	☐ 喝 hē ····· 303

153

□河 hé ····· 246
□和 hé ····· 596
□很 hěn ····· 566
□红茶 hóngchá ····· 191
□后年 hòunián ····· 268
□后天 hòutiān ····· 273
□护照 hùzhào ····· 104
□花〔使う〕huā ····· 362
□花(儿)〔花〕huā(r) ····· 248
□花茶 huāchá ····· 188
□话 huà ····· 112
□画 huà ····· 295
□画儿 huàr ····· 123
□坏 huài ····· 491
□欢迎 huānyíng ····· 437
□还 huán ····· 364
□换 huàn ····· 356
□回 huí ····· 371
□回家 huíjiā ····· 386
□回信 huíxìn ····· 434
□会 huì ····· 605
□火车 huǒchē ····· 228

J

□鸡 jī ····· 156
□机场 jīchǎng ····· 241
□鸡蛋 jīdàn ····· 179
□机会 jīhuì ····· 288
□几 jǐ ····· 592
□记 jì ····· 326
□寄 jì ····· 338
□家〔家〕jiā ····· 218
□家〔店、会社、家族などを
　数える〕jiā ····· 460

□简单 jiǎndān ····· 508
□件 jiàn ····· 452
□健康 jiànkāng ····· 551
□见面 jiànmiàn ····· 435
□讲 jiǎng ····· 297
□教 jiāo ····· 348
□脚 jiǎo ····· 045
□饺子 jiǎozi ····· 176
□叫 jiào ····· 301
□教室 jiàoshì ····· 139
□街 jiē ····· 239
□接 jiē ····· 342
□节 jié ····· 453
□结婚 jiéhūn ····· 439
□节日 jiérì ····· 261
□姐姐 jiějie ····· 013
□借 jiè ····· 363
□介绍 jièshào ····· 436
□今年 jīnnián ····· 264
□今天 jīntiān ····· 269
□紧张 jǐnzhāng ····· 546
□进 jìn ····· 365
□近 jìn ····· 485
□酒 jiǔ ····· 197
□旧 jiù ····· 489
□就 jiù ····· 582
□橘子 júzi ····· 162
□觉得 juéde ····· 418

K

□咖啡 kāfēi ····· 192
□卡拉OK kǎlāOK ····· 129
□开 kāi ····· 332
□开车 kāichē ····· 384

□开始 kāishǐ ····· 406
□开水 kāishuǐ ····· 194
□看 kàn ····· 292
□看见 kànjiàn ····· 416
□考试 kǎoshì ····· 399
□渴 kě ····· 526
□可爱 kě'ài ····· 534
□可乐 kělè ····· 196
□可能 kěnéng ····· 564
□可以 kěyǐ ····· 604
□课本 kèběn ····· 142
□客气 kèqi ····· 535
□客人 kèren ····· 003
□课文 kèwén ····· 143
□空调 kōngtiáo ····· 090
□空(儿) kòng(r) ····· 289
□口 kǒu ····· 455
□哭 kū ····· 323
□苦 kǔ ····· 531
□裤子 kùzi ····· 057
□快 kuài ····· 480
□筷子 kuàizi ····· 063
□困 kùn ····· 550
□困难 kùnnan ····· 509

L

□辣 là ····· 532
□来 lái ····· 370
□篮球 lánqiú ····· 132
□老 lǎo ····· 498
□老师 lǎoshī ····· 025
□累 lèi ····· 548
□冷 lěng ····· 501
□礼物 lǐwù ····· 071

历史 lìshǐ	125
脸 liǎn	039
练习 liànxí	397
凉快 liángkuai	503
辆 liàng	454
留学 liúxué	400
留学生 liúxuéshēng	028
楼 lóu	459
路 lù	236
旅馆 lǚguǎn	202
旅游 lǚyóu	410
绿茶 lǜchá	190

M

妈妈 māma	009
麻烦 máfan	539
马 mǎ	160
马路 mǎlù	237
马上 mǎshàng	581
买 mǎi	359
卖 mài	360
馒头 mántou	169
满意 mǎnyì	423
慢 màn	481
忙 máng	545
猫 māo	153
毛巾 máojīn	070
毛衣 máoyī	056
帽子 màozi	059
没有、没 méiyou、méi	573
每天 měi tiān	274
美元 Měiyuán	102

妹妹 mèimei	015
门 mén	220
门口 ménkǒu	221
米饭 mǐfàn	167
面包 miànbāo	170
面条(儿) miàntiáo(r)	168
明白 míngbai	420
明年 míngnián	267
明天 míngtiān	272
名字 míngzi	051
摩托车 mótuōchē	234
母亲 mǔqin	011

N

拿 ná	309
奶奶 nǎinai	023
男 nán	494
难 nán	506
能 néng	603
年级 niánjí	140
年纪 niánjì	050
年轻 niánqīng	499
念 niàn	299
鸟 niǎo	154
牛 niú	159
牛奶 niúnǎi	195
努力 nǔlì	536
女 nǚ	495
女儿 nǚ'ér	021
暖和 nuǎnhuo	502

P

爬 pá	377
怕 pà	324
胖 pàng	496
跑 pǎo	375
朋友 péngyou	002
啤酒 píjiǔ	198
便宜 piányi	505
片 piàn	445
票 piào	105
漂亮 piàoliang	511
乒乓球 pīngpāngqiú	134
瓶 píng	442
苹果 píngguǒ	163

Q

妻子 qīzi	018
骑 qí	353
起床 qǐchuáng	379
汽车 qìchē	233
铅笔 qiānbǐ	080
钱 qián	103
钱包 qiánbāo	068
前年 qiánnián	266
前天 qiántiān	271
浅 qiǎn	479
墙 qiáng	224
桥 qiáo	238
轻 qīng	483
清楚 qīngchu	513
请 qǐng	346
秋天 qiūtiān	257

- 去 qù ········ 369
- 去年 qùnián ········ 265
- 裙子 qúnzi ········ 058

R

- 热 rè ········ 500
- 热闹 rènao ········ 518
- 热情 rèqíng ········ 537
- 人 rén ········ 004
- 人民币 Rénmínbì ········ 100
- 认识 rènshi ········ 419
- 认真 rènzhēn ········ 538
- 日语 Rìyǔ ········ 109
- 日元 Rìyuán ········ 101
- 容易 róngyì ········ 507
- 肉 ròu ········ 178

S

- 伞 sǎn ········ 067
- 散步 sànbù ········ 380
- 沙发 shāfā ········ 087
- 山 shān ········ 245
- 商店 shāngdiàn ········ 204
- 商量 shāngliang ········ 433
- 上 shàng ········ 367
- 上班 shàngbān ········ 389
- 上课 shàngkè ········ 395
- 上网 shàngwǎng ········ 382
- 上午 shàngwǔ ········ 276
- 上学 shàngxué ········ 393
- 少 shǎo ········ 472
- 谁 shéi ········ 595
- 深 shēn ········ 478
- 身体 shēntǐ ········ 047
- 什么 shénme ········ 593
- 生病 shēngbìng ········ 415
- 生活 shēnghuó ········ 122
- 生气 shēngqì ········ 425
- 生日 shēngrì ········ 263
- 声音 shēngyīn ········ 049
- 师傅 shīfu ········ 030
- 时候 shíhou ········ 291
- 时间 shíjiān ········ 290
- 食堂 shítáng ········ 200
- 是 shì ········ 311
- 试 shì ········ 355
- 事(儿) shì(r) ········ 149
- 世界 shìjiè ········ 117
- 事情 shìqing ········ 150
- 收 shōu ········ 341
- 收拾 shōushi ········ 381
- 手 shǒu ········ 043
- 手表 shǒubiǎo ········ 064
- 手机 shǒujī ········ 094
- 瘦 shòu ········ 497
- 书 shū ········ 073
- 蔬菜 shūcài ········ 180
- 书店 shūdiàn ········ 203
- 舒服 shūfu ········ 540
- 暑假 shǔjià ········ 259
- 树 shù ········ 247
- 双 shuāng ········ 446
- 水 shuǐ ········ 193
- 水果 shuǐguǒ ········ 166
- 睡觉 shuìjiào ········ 388
- 说 shuō ········ 296
- 说话 shuōhuà ········ 431
- 说明 shuōmíng ········ 432
- 司机 sījī ········ 031
- 送 sòng ········ 340
- 宿舍 sùshè ········ 212
- 酸 suān ········ 530
- 岁 suì ········ 464
- 孙子 sūnzi ········ 024
- 所 suǒ ········ 461

T

- 太 tài ········ 567
- 太阳 tàiyang ········ 249
- 谈 tán ········ 298
- 弹 tán ········ 336
- 汤 tāng ········ 177
- 糖 táng ········ 183
- 特别 tèbié ········ 575
- 疼 téng ········ 549
- 踢 tī ········ 337
- 体育馆 tǐyùguǎn ········ 211
- 天气 tiānqì ········ 254
- 甜 tián ········ 528
- 条 tiáo ········ 444
- 跳舞 tiàowǔ ········ 402
- 听 tīng ········ 293
- 听见 tīngjiàn ········ 417
- 听说 tīngshuō ········ 429
- 停 tíng ········ 376
- 同学 tóngxué ········ 029
- 头〔あたま〕tóu ········ 041
- 头〔~頭〕tóu ········ 458
- 头发 tóufa ········ 042
- 图书馆 túshūguǎn ········ 213
- 腿 tuǐ ········ 044

W

- 外国 wàiguó ······ **116**
- 外语 wàiyǔ ······ **111**
- 完 wán ······ **358**
- 玩儿 wánr ······ **354**
- 碗 wǎn ······ **441**
- 晚 wǎn ······ **487**
- 晚饭 wǎnfàn ······ **186**
- 晚上 wǎnshang ······ **281**
- 网球 wǎngqiú ······ **133**
- 忘 wàng ······ **327**
- 位 wèi ······ **456**
- 味道 wèidao ······ **174**
- 文化 wénhuà ······ **119**
- 文学 wénxué ······ **121**
- 问 wèn ······ **300**
- 问题 wèntí ······ **147**
- 乌龙茶 wūlóngchá ······ **189**
- 屋子 wūzi ······ **222**
- 午饭 wǔfàn ······ **185**

X

- 西瓜 xīguā ······ **165**
- 洗 xǐ ······ **330**
- 喜欢 xǐhuan ······ **424**
- 洗手间 xǐshǒujiān **225**
- 洗衣机 xǐyījī ······ **091**
- 洗澡 xǐzǎo ······ **387**
- 下 xià ······ **368**
- 下班 xiàbān ······ **390**
- 下课 xiàkè ······ **396**
- 夏天 xiàtiān ······ **256**
- 下午 xiàwǔ ······ **279**
- 下雨 xiàyǔ ······ **412**
- 先 xiān ······ **583**
- 先生 xiānsheng ······ **005**
- 咸 xián ······ **529**
- 现在 xiànzài ······ **283**
- 香蕉 xiāngjiāo ······ **164**
- 想〔思う〕xiǎng ······ **320**
- 想〔～したい〕xiǎng ······ **599**
- 相机 xiàngjī ······ **093**
- 橡皮 xiàngpí ······ **081**
- 小 xiǎo ······ **470**
- 小姐 xiǎojiě ······ **006**
- 小心 xiǎoxīn ······ **427**
- 小学 xiǎoxué ······ **135**
- 笑 xiào ······ **322**
- 鞋 xié ······ **060**
- 写 xiě ······ **294**
- 新 xīn ······ **488**
- 新闻 xīnwén ······ **099**
- 信 xìn ······ **082**
- 行 xíng ······ **515**
- 行李 xíngli ······ **107**
- 姓 xìng ······ **312**
- 幸福 xìngfú ······ **541**
- 兴趣 xìngqù ······ **053**
- 熊猫 xióngmāo ······ **161**
- 休息 xiūxi ······ **404**
- 学 xué ······ **349**
- 学生 xuésheng ······ **026**
- 学习 xuéxí ······ **392**
- 学校 xuéxiào ······ **138**
- 雪 xuě ······ **253**

Y

- 牙 yá ······ **040**
- 盐 yán ······ **182**
- 颜色 yánsè ······ **061**
- 眼镜 yǎnjìng ······ **065**
- 眼睛 yǎnjing ······ **035**
- 羊 yáng ······ **158**
- 样子 yàngzi ······ **151**
- 药 yào ······ **069**
- 要〔欲しい、要する〕yào ······ **319**
- 要〔～したい、～する必要がある〕yào ······ **598**
- 钥匙 yàoshi ······ **066**
- 爷爷 yéye ······ **022**
- 也 yě ······ **553**
- 夜里 yèli ······ **282**
- 衣服 yīfu ······ **054**
- 医生 yīshēng ······ **033**
- 医院 yīyuàn ······ **208**
- 一定 yídìng ······ **563**
- 一共 yígòng ······ **555**
- 一会儿 yíhuìr(yìhuǐr) ······ **467**
- 一下 yíxià ······ **468**
- 一样 yíyàng ······ **519**
- 一点儿 yìdiǎnr ······ **466**
- 一起 yìqǐ ······ **554**
- 一直 yìzhí ······ **589**
- 以后 yǐhòu ······ **285**
- 已经 yǐjīng ······ **584**
- 以前 yǐqián ······ **284**
- 椅子 yǐzi ······ **086**

音乐 yīnyuè 126	张 zhāng 449	□坐 zuò 335
银行 yínháng 207	丈夫 zhàngfu 017	□作业 zuòyè 144
应该 yīnggāi 602	着急 zháojí 426	
英语 Yīngyǔ 110	找 zhǎo 331	
用 yòng 329	照片 zhàopiàn 124	
邮局 yóujú 206	照相 zhàoxiàng 411	
邮票 yóupiào 083	真 zhēn 562	
游泳 yóuyǒng 401	正在 zhèngzài 588	
有 yǒu 314	支 zhī 443	
有点儿 yǒudiǎnr 557	只 zhī 457	
有名 yǒumíng 521	知道 zhīdao 421	
有意思 yǒu yìsi 544	纸 zhǐ 077	
又 yòu 579	只 zhǐ 556	
鱼 yú 155	中午 zhōngwǔ 277	
愉快 yúkuài 543	中学 zhōngxué 136	
雨 yǔ 252	种 zhǒng 465	
远 yuǎn 484	重 zhòng 482	
愿意 yuànyì 600	重要 zhòngyào 522	
月亮 yuèliang 251	猪 zhū 157	
云 yún 250	住 zhù 328	
运动 yùndòng 403	祝 zhù 345	

Z

注意 zhùyì 428
准备 zhǔnbèi 405
杂志 zázhì ...... 074　桌子 zhuōzi 085
再 zài ...... 578　字 zì 114
在〔～にある、いる〕
　zài ...... 315　自己 zìjǐ 007
　　　　　　　　自行车 zìxíngchē 235
在〔～している〕zài ...... 587　走 zǒu 374
在〔～で〕zài ...... 597　足球 zúqiú 131
早 zǎo ...... 486　嘴 zuǐ 037
早饭 zǎofàn ...... 184　最 zuì 561
早上 zǎoshang ...... 275　最近 zuìjìn 286
怎么 zěnme ...... 594　昨天 zuótiān 270
站 zhàn ...... 334　做 zuò 316

著者紹介

和 平（わ・へい）　埼玉大学・文教大学・早稲田大学
　非常勤講師　東洋大学大学院修士課程修了
　日本語学専攻　北京出身

古屋 昭弘（ふるや・あきひろ）　早稲田大学教授
　東京都立大学大学院博士課程満期退学
　博士(文学)早大　中国語学専攻　横浜出身

2015年3月25日　初版発行

中検準4級対応
クラウン 中国語単語600　CD付き

2019年3月20日　第2刷発行

著　者　和平・古屋昭弘
発行者　株式会社 三省堂　代表者 北口克彦
印刷者　三省堂印刷株式会社
発行所　株式会社 三省堂
　　　　〒101-8371
　　　　東京都千代田区神田三崎町二丁目22番14号
　　　　電話 (編集) (03)3230-9411
　　　　　　 (営業) (03)3230-9412
　　　　振替口座 00160-5-54300
　　　　商標登録番号 663091・663092
　　　　https://www.sanseido.co.jp/

ⓒHE Ping, FURUYA Akihiro 2015
Printed in Japan

〈中国語単語600・160pp.〉
落丁本・乱丁本はお取り替えいたします。
ISBN978-4-385-36546-6

本書を無断で複写複製することは、著作権法上の例外を除き、禁じられています。また、本書を請負業者等の第三者に依頼してスキャン等によってデジタル化することは、たとえ個人や家庭内での利用であっても一切認められておりません。

身につく中日・日中辞典 CD付き

千葉謙悟・熊進　監修／三省堂編修所　編
2色刷　720ページ　B6変

中国語の基礎をこれ1冊でしっかり身につける入門用の辞典。中日は親字3,200と熟語8,400項目、日中は4,500項目。用例はすべてピンイン付き。中検受験者向けに文法などのコラムを多数収録。

デイリーコンサイス中日・日中辞典 第3版

杉本達夫・牧田英二・古屋昭弘　共編
2色刷　1,568ページ　普通版(B7変)、中型版(B6変)

新語大幅増補の、携帯に便利な中国語辞典。「中日」は親字約1万、総収録項目数4万1千。「日中」は見出し語2万8千、用例2万2千、見出し語の訳語と用例すべてにピンイン付き。「中日辞典」単体版、「日中辞典」単体版もあり。

クラウン中日辞典

松岡榮志（主幹）／樋口靖・白井啓介・代田智明　編著
2色刷　1,696ページ　普通版(B6変)、小型版・CD付き(A6変)
約65,000項目収録（親字11,500字、熟語53,500語）。

クラウン日中辞典

杉本達夫・牧田英二　共編
2色刷　1,696ページ　B6
約4万語収録、変化に富む用例は約7万。すべての訳語・用例にピンイン付き。

三省堂 Web Dictionary　24辞書タイトル227万語＋漢字検索
http://www.sanseido.net/